대한민국
외식업 트렌드
Vol.1

대 한 민 국
외식업 트렌드

금쪽같은
내 한 끼

김난도
전미영
최지혜
이수진
권정윤
한다혜
이혜원
추예린
전다현
배달의민족

MOKSAE

서문

서울 여의도에 위치한 백화점 '더현대 서울'은 MZ세대의 쇼핑 성지로 불리는 인기 명소다. 그 명성만큼 구경거리도 풍성한데, 지하 식품 매장의 '푸드트럭 피아자piazza(광장)'도 그중 하나다. 형형색색의 푸드트럭들은 천편일률적이었던 백화점 푸드 코트의 모습을 이국적인 느낌으로 바꿔놓는다. 하지만 이 공간에 푸드트럭들이 들어선 것은 단지 새로운 분위기를 만들기 위해서만은 아니다. 그보다 훨씬 더 중요한 역할은 바로 숨 가쁘게 변화하는 외식 트렌드에 순발력 있게 대응하는 것이다. 일반 매장 같으면 입점 브랜드를 바꾸기 위해 가림막을 설치하고 몇 날 며칠 인테리어 공사를 다시 해야 하지만, 푸드트럭은 그런 수고가 필요 없다. 외부에서 완성해서 새로 들여놓기만 하면 되기 때문에 고객 변화에 기민하게 대처할 수 있다. 트렌드가 워낙 빨리 변하는 탓에 더현대 서울의 푸드트럭 담당 MD들은 3~4개월마다 식품 영역의 브랜드를 교체할 수 있도록 배려한다고 한다.[1] 1~2년도 아니고, 고작 3~4개월이라니!

식품 · 외식산업의 트렌드가 놀랍도록 빨라지고 있다. 일반적으로 식품 · 외식산업은 패션, 가전, 리빙 등 다른 분야에 비해 변화가 느린 곳이었다. 사람의 입맛이 하루아침에 변하는 것이 아니기 때문에, 브랜드의 부침浮沈이 적은 안정적이고 보수적인 시장이었다. 하지만 최근 들어 식품 · 외식산업, 특히 외식업은 그 어떤 분야보다 트렌드가 빠르게 변하는 산업이 됐다. 새로운 업종이 끊임없이 등장하고 전문화됐으며, 유행 주기가 점차 짧아지는 것은 물론이고 그만큼 경쟁도 치열해졌다.

반면 외식업을 둘러싼 경영 환경은 갈수록 악화되고 있다. 코로나 19 팬데믹의 영향으로 '사회적 거리 두기'라는 영업 제한을 2년 넘게 겪어야 했는데, 이 빙하기를 견뎌낸 이후에도 어려움은 계속 커지고만 있다. 인건비, 임대료, 원자재 가격 등 비용이 크게 오르고 있으며, 인구 감소와 경기 침체로 소비도 위축되고 있다. 그야말로 악재의 '퍼펙트 스톰'이 몰려오고 있는 형국이다. 이런 상황에서 악재를 헤쳐 나아가며 하루하루 매출에 울고 웃는 식당 사장님이 트렌드를 읽고 미래에 대비하기란 거의 불가능에 가깝다.

이 격변의 시대에 우리는 어떻게 변화하는 트렌드를 읽고 대처해나갈 수 있을 것인가?

서울대 소비트렌드분석센터의 연구진들은 대한민국의 트렌드 변화를 조금 더 빨리 그리고 조금 더 뾰족하게 톺아내고자 2008년부터 〈트렌드 코리아〉 시리즈를 집필해왔다. 〈트렌드 코리아〉를 쓰는 목적은 지난 15년 동안 한결같았다. 일반 대중들이 변화하는 트렌드를 읽고 시장에서 뒤처지지 않도록 트렌드 정보를 제공하는 것이다. 팬데믹 이후 자영업 생태계가 뿌리부터 흔들리는 것을 보면서, 차분히 앉아 책조차 읽을 시간이 없는 작은 가게 사장님들에게 꼭 필요한 트렌드 정보만 쏙쏙 뽑아 전달해줄 수 있다면 참 좋겠다는 생각을 늘 해왔다.

그런 취지로 유튜브 채널 '트렌드코리아 TV'를 열기도 했는데, 보다 직접적이고 즉각적인 해결책은 없을까 하는 고민과 갈증은 여전히 남아있었다. 그러던 어느 날 우리나라를 대표하는 배달 플랫폼 '배달의민족'에서 연락이 왔다. 작은 식당 사장님들을 위해 외식업 관련 트렌드 키워드를 뽑아 널리 알렸으면 좋겠다는 것이었다. 그 취지에 공감한 것은 물론, 지금까지 배달의민족이 축적해온 빅데이터와 업계 네트워크를 충분히 활용할 수 있는 것은 트렌드 연구자로서 큰 기회이기도 했다. 이에 〈트렌드 코리아〉 집필진과 배달의민족 실무진이 합심해 지금 우리가 놓치지 말아야 할 외식업 트렌드 7가지를 도출해냈다. 여기에는 트렌다이어리, 환경스캐닝, 전문가 인터뷰, 타운워칭, 해외 벤치마킹 등 서울대 소비트렌드분석센터의 고유한 방법론과 배달의민족이 축적해온 앱 관련 빅데이터 및 관련 설문 조사 결과 등 매우 다양한 방법론이 총동원됐다.

첫 번째 키워드는 **'금쪽같은 내 한 끼'**다. 하루 세 끼를 모두 잘 챙겨 먹기 어렵다면, 적어도 한 끼라도 시간과 돈을 들여 잘 챙겨 먹자는 사람들이 늘어나고 있다. 단순히 맛있는 음식을 찾는 것을 넘어서, 조금의 후회도 남기지 않을 최고의 식사를 고르고 또 고르는 것이다. 이처럼 한 끼 식사에 돈과 시간과 노력을 아끼지 않는 경향성을 〈요즘 육아 금쪽같은 내 새끼〉라는 인기 프로그램을 패러디해 이름 지었다.

이 키워드는 이어지는 다른 트렌드의 중심이 되는 벼리 같은 트렌드여서 우리 책의 부제副題도 겸하고 있다. 한 끼가 그토록 금쪽같기에 유명 식당에 입장하기 위해 치열한 예약 전쟁에 참전하고(**'다이닝 게임'**), 한 끼의 선택도 정답에 가깝도록 정보와 상황을 고려하며(**'정답식사'**), 자신이 먹는 한 끼에 자부심을 느끼고 제대로 알고 먹기 위해 백과사전 같은 지식을 공부하고(**'식부심'**), 식당을 고를 때 어떤 이야기와 세계관이 있는지를 고려한다(**'이야기 식당'**). 여기에 최근 환경을 염려하는 '필환경' 소비자들이 늘어나면서 남은 음식과 용기의 재활용에 대한 고민(**'식사이클링'**)과 키오스크, 태블릿, 서빙 로봇 등 각종 기술적 요소의 도입으로 인해 변화하고 있는 친절의 개념(**'친절의 재발견'**)을 더해, 모두 7가지 트렌드를 소개하고 있다.

이 책은 7가지 트렌드를 가장 선명하게 이해할 수 있는 국내외의 여러 사례를 담고 있다. 물론 이러한 예시 중에는 동네 음식점은 엄두도 내지 못할 내용도 있을 것이다. 그럼에도 이처럼 다양한 사례를 소개하는 것은, 그로부터 독자들이 '우리 가게에서도 실천할 수 있는 작은 힌트'를 얻을 수 있기를 바라기 때문이다. 그러한 취지로 각 키워드의 마지막에서는 작은 음식점이 실천할 수 있는 구체적인 팁을 제안하고 있다. 부디 작은 아이디어가 큰 매출로 이어지기를 희망한다.

트렌드를 뽑아내는 작업은 방대한 데이터에 기초해 키워드를 도출하는 귀납적인 과정을 따르기 때문에 여러 사람의 도움이 필수적이다. 특히 이번 키워드 도출 작업은 배달의민족의 전폭적인 지원과 자료 제공이 없었다면 불가능했을 것이다. 외식업 트렌드 키워드 도출과 책의 집필이 가능하도록 지원해주신 배달의민족 이국환 대표님과 직원 여러분에게 깊이 감사드린다. 그리고 책의 출간을 허락해주시고 까다로운 편집 작업에 최선을 다해주신 미래의창 성의현 대표님과 직원 여러분께도 진심 어린 감사의 뜻을 전한다.

자영업의 빙하기다. 유례없는 불황 속에 몸과 마음이 한없이 차가워지는데, 변화는 너무 크고 빨라서 무엇을 어찌해야 할지 당황스럽기만 하다. 우리의 '금쪽같은 한 끼'를 만들어주시는 대한민국 외식업 및 식품산업 경영자와 관계자 여러분께 이 책이 작은 영감이라도 드릴 수 있기를 간곡히 희망한다.

2023년 6월

대표저자 김난도

목차

1

금쪽같은
내 한 끼

"식사하셨습니까?"

"밥은 먹었니?"

"다음에 밥 한번 먹자."

한국 사람만큼 '한 끼 식사'를 소중히 여기는 민족도 없을 것이다. 밥을 먹었냐는 질문이 곧 '잘 지내냐'는 안부의 역할을 담당하니 말이다. 한국 문화의 면면을 날카롭게 해석해온 이어령 교수는 한국 미학의 근본인 '멋'이라는 단어가 '맛'에서 유래했다고 설명한다. 잘 살펴보면 유난히 '먹다'에 근간한 단어가 많기도 하다. '식구食口'라는 말은 직역하면 '먹는 입'이지만, 실제로는 함께 먹고 사는 가족을 뜻한다. '살맛 난다', '죽을 맛이다', '쓴맛 단맛 다 봤다' 등 인간의 생사고락 역시 먹는 일로 비교되곤 한다.[1] 이뿐인가? 최근 인기를 끈 드라마 제목 중에는 '밥 잘 사주는 예쁜 누나'도 있었다. 예쁜 것에서 그치지 않고 '밥을 잘 사준다'는 정보가 추가되는 순간, 정말 좋은 사람일 거라는 직감마저 든다. 한국인은 그야말로 먹는 것에 '진심'인 민족이다.

그렇다면 먹는 일에 진심이라는 우리는 정말 잘 먹고 있을까? 김도훈 고려대학교 안산병원 가정의학과 교수팀이 8,700여 명을 대상으로 조사한 결과에 따르면, 응답자의 약 90%가 15분 내로 식사를 마친다고 답했다.[2] 너무 짧지 않나 하는 의구심이 들면서도 막상 우리의 일상을 되돌아보면 서서히 납득하게 된다. 직장인 대부분의 점심시간을 떠올려보자. 낮 12시부터 1시까지, 통상 60분간 주어지는 점심시간을 전부 밥 먹는 데만 쓰는 사람은 없을 것이다. 점심시간을 쪼개 운동도 하고, 휴식도 취하고, 심지어 공부도 한다. 일찍 들어와 부족했던 일을 서둘러 처리하는 이도 많다. 그래서 점심시간은 늘 부족하고 밥은 최대한 빠르게 먹어야 한다. 저녁 시간이라 해서 딱히 여유로운 것도 아니다. 서둘러 퇴근한 후 저녁 준비를 마치고 집안일과 양육을 번갈아 하다 보면 어느덧 식사 시간은 끝나있다. 미식을 사랑하는 프랑스 사람들은 저녁을 먹는 데만 3~4시간을 쓴다는데, 여러모로 바쁜 한국인들에겐 마치 꿈같은 이야기다.

이런 한국인의 식생활이 변하고 있다. 세 끼 모두 잘 챙겨 먹기 어렵다면 적어도 하루 한 끼만큼은 잘 먹어보자고 주장하는 이들이 늘어나는 중이다. 일주일에 한 끼, 나아가 한 달에 한 끼라도 좋다. 중요한 것은 횟수가 아니라 자기 자신을 위해 근사한 음식을 준비하는 일 자체다. 1인 가구는 혼자라는 이유로, 맞벌이는 바쁘다는 이유로, 때로는 외식비나 재료비가 상승했다는 이유로 평소엔 대충 먹더라도, 가끔은 제대로 된 한 끼를 누리고 싶다는 보상 심리가 식문화에 반영된 것이다. 이는 단순히 맛있는 음식을 찾는 것을 넘어서는 영역이다. 조금의 후회조차 남지 않을 만큼 고르고 또 고른 최고의 한 끼에 돈과 시간과 노력을 아끼지 않는다.

〈요즘 육아 금쪽같은 내 새끼〉라는 이름의 예능 프로그램이 인기를 끌고 있다. 우리말에서는 무엇과도 바꿀 수 없는 귀중한 것을 소개할 때 '금쪽같다'는 표현을 사용한다. 즉, '금쪽같은 내 새끼'는 어린 자녀를 아끼는 부모의 마음이 담긴 문구인 셈이다. 《대한민국 외식업 트렌드》에서는 이러한 표현에 빗대어, 특별한 한 끼를 먹을 때만큼은 나 자신을 귀하게 대접하고자 하는 요즘 소비자들의 모습을 **'금쪽같은 내 한 끼'** 트렌드라 명명한다.

사람들이 한 끼 식사를 소중히 여기는 현상은 두 가지 형태로 나타난다. 첫째는 시간을 들여 천천히 즐기는 방식이다. 음식을 만드는 과정 역시 음식을 먹는 과정의 일부라고 생각하며, 정해진 순서에 따라 하나씩 맛보는 식사 방법을 택한다. 이들은 적어도 90분, 길게는 120분이 소요되는 식사 시간이 아깝지 않다고 느낀다. 둘째는 높은 비용을 투자해 고급스러운 식사를 즐기는 방식이다. 이들은 완벽한 한 끼를 확보하기 위해 통상적인 식사에 필요한 금액의 10배 이상을 지불하곤 한다. 지금부터 바쁜 일상에서도 자신을 대접하려 노력하는 소비자들의 새로운 경향, '금쪽같은 내 한 끼'를 만나보자.

✹ 시간을 들여 천천히 즐기는 한 끼

음식 인문학자 주영하 교수의 저서 《한국인은 왜 이렇게 먹을까?》 (휴머니스트, 2018)에는 한국인만의 독특한 식문화가 소개된다. 우리의 상차림이 기본적으로 '공간 전개형'이라는 점이다. 식탁 위에 밥과 국, 반찬, 메인 요리 등을 한 번에 푸짐하게 차려 내놓는다. 반면 서구형 식사는 시간의 차례대로 음식을 내는 '시계열형'이다. 식전 음식인 아뮤즈 부쉬amuse-bouche가 먼저 나오고, 그 후 본격적인 전채 및 메인 요리, 디저트가 순서대로 제공된다. 음식을 한 번에 내놓는 공간 전개형 식사는 먹는 사람의 편의대로 식사 시간을 조정할 수 있다. 시간이 많을 때는 천천히 즐기고, 시간이 없을 때는 빠르게 맛보는 식이다. 그러나 음식이 순서대로 등장하는 시계열형 식사는 최소 60분에서 길게는 120분 정도가 소요된다. 앞서 나온 음식을 충분히 먹은 뒤에야 다음 음식을 만날 수 있기 때문이다.

시간을 들여 음식을 맛보는 시계열형 상차림은 서양식 식문화로 알려져 있지만, 흥미롭게도 서양 역시 처음부터 시계열형 상차림을 고수하지는 않았다. 18세기 중엽, 러시아의 음식점에서 제공되던 상차림 방식이 '러시아식 서비스'라 불리며 유럽 각지로 전파된 것이다. 그전까지는 유럽이나 미국도 한국과 같은 공간 전개형 상차림을 사용했다. 주요리를 먹은 뒤 디저트를 찾는 식습관도 20세기에야 자리를 잡았다.[3] 식량에 관한 위기감이 사라지고 음식을 먹는 일에 충분한 시간을 쓸 수 있을 만큼 사회가 발전한 후에야 나타난 현상이다.

이런 변화는 이제 한국에서도 발견된다. 최근 들어 한국인들도 시계열형 식사를 선호하기 시작했다. '파인 다이닝fine dining'과 같은 고급 식문화를 경험하는 사람들이 증가하고, 식당에 등급을 매기는 '미쉐린 가이드Michelin Guide' 시스템이 국내에도 도입되면서 코스 형태의 서비스를 제공하는 식당이 부쩍 늘었다. 집에서 식사를 할 때도 마찬가지다. 샐러드를 먼저 먹고 밥과 국, 반찬으로 구성된 메인 식사를 즐긴 뒤 간단한 디저트를 준비하는 사람들이 많아졌다. 전통적인 교자상이 서양식 식탁으로 대체된 것처럼 한국인의 식문화에도 다양한 변화가 나타나는 중이다.

최근 외식업계의 화두인 파인 다이닝은 음식을 천천히 음미하는 식문화의 중심에 있다. 질이 높은 고급 식사를 제공하는 파인 다이닝 식당의 특징은 음식이 아주 느리게 서빙된다는 점이다. 그뿐만이 아니다. 서버는 음식을 내올 때마다 각 메뉴에 사용된 재료와 생산지의 정보, 맛과 풍미에 관한 지식을 하나하나 설명해준다. 서울 용산구 한 남동에 위치한 '모수'는 2023년 미쉐린 가이드에서 3스타로 선정된 레스토랑답게 음식 설명이 풍부하기로 유명하다. 심지어 서버의 설명을 열심히 메모하는 손님이 있을 정도다. 음식의 뛰어난 맛, 충분한 해설, 장소의 근사함 등이 어우러져 식사가 진행되는 2시간 내내 손님의 감동을 자아낸다.

한 끼 식사에 넉넉한 시간을 투자하는 식문화가 떠오르면서, 이용 시간을 90분으로 고정해둔 채 모든 손님을 예약제로만 받는 가게들이 늘고 있다. 이용 시간 90분의 예약제 찻집도 등장했다. 망원동에 위치한 '티노마드'는 차 문화를 만날 수 있는 공방 겸 카페. 입장이 가능한 시간은 오후 1시, 3시, 5시, 7시로 하루 네 타임뿐인 데다 이용 시간 역시 90분으로 제한된다. 번잡하지 않은 분위기에서 차와 다과를 오롯이 맛볼 수 있도록 준비된 방식이다. 티노마드는 '네이버 예약 어워즈 2022'에서 베스트 리뷰 부문에 선정되기도 했는데, 해당 어워즈는 직접 다녀온 소비자의 평가가 우수한 가게에 주어지는 상이다.

특정 음식 하나만 집중적으로 공략하는 '원 푸드 레스토랑one food restaurant'도 인기다. 가장 좋은 예시는 '파스타 바'다. 보통 한 그릇의 요리로 인식되기 마련인 파스타를 색다르고 다양한 방식으로 맛볼 수 있는 곳이다. '파스타 테이스팅 코스'는 스타터starter부터 피니시finish까지 온통 파스타만으로 이루어진 요리를 코스로 즐기는 메뉴다. 요리를 먹는 동안 바의 안쪽에서 다음 파스타를 준비하는 셰프의 모습을 지켜볼 수 있다는 점도 바 형태의 식당에서만 누릴 수 있는 묘미다. '우오보', '시멘트서울', '에비던스', '바위파스타바', '페리지'는 일명 '서울 5대 생면 파스타 바'로 유명하다.[4] 소비자들은 이 식당들을 도장 깨기하듯 차례로 방문하며 인증 사진을 남기곤 한다.

시간을 들여 음식을 만끽하는 식문화가 성장하면서 음식 간의 조합을 통해 풍미를 높이는 '푸드 페어링food-pairing'도 함께 유행하고 있다. 대표적인 형태가 음식과 술의 만남이다. 코스 요리를 제공하는 식당에 가면 각 메뉴와 어울리는 와인을 한 잔씩 곁들여주는데, 이를 '와인 페어링wine-pairing'이라 부른다. 음식과 궁합이 잘 맞는 술이라는 뜻에서 프랑스어로 결혼을 뜻하는 '마리아주marriage'라 지칭하기도 한다. 이런 방식의 페어링은 보통 셰프나 소믈리에 등 전문가의 추천으로 이뤄지기 마련이지만, 최근에는 대중적인 영역으로도 점차 확산되고 있다.

서울 성동구 성수동에 위치한 '위키드와이프'는 일반인들도 쉽게 마리아주를 고를 수 있도록 지원하는 와인 숍 겸 페어링 바다. 매장 오른편의 와인 숍으로 입장하면 대륙이나 지역처럼 다소 복잡하게 느껴지는 분류법 대신 '교촌치킨 간장 맛에 잘 어울리는 와인', '떡볶이와 함께 먹기 좋은 와인', '편의점 김밥에 먹는 와인'과 같이 쉬운 설명을 곁들여 와인을 추천해준다. 매장 왼편의 페어링 바에서는 우엉으로 만든 만두와 떡볶이 소스를 활용한 그라탱처럼 한식을 재해석한 메뉴를 추천 와인에 곁들여 먹을 수 있다. 한 달에 한 번씩 큐레이션된 와인을 집으로 배송해주는 '술 구독 서비스'도 운영한다. 위키드와이프만의 방식으로 재해석한 '스토리텔링 페어링카드'가 함께 동봉되어 재미를 더한다.

한편 다양한 음식을 공들여 즐기는 식문화의 등장은 배달 시장에도 지각 변동을 가져오는 중이다. 예전에는 배달 음식을 주문할 때 주로 메인 요리만을 주문하는 경우가 잦았다. 반면 요즘은 메인 요리와 함께 음료, 치즈볼, 떡볶이 같은 사이드 메뉴와 디저트를 주문하는 사

'교촌치킨 간장 맛'과 어울리는 와인은 과연 무엇인가? 음식과 어울리는 와인을 재미있게 소개하는 위키드와이프.

람이 늘고 있다. 이러한 현상은 최저 주문 비용을 맞추고자 추가 주문하는 것으로 볼 수 있지만, 한편으로는 배달 음식을 먹을 때조차도 풍요로운 식사를 즐기길 원하는 마음이 반영된 것이기도 하다. 이는 데이터로도 확인되는 사실이다. 2022년 9~11월 기준, 배달의민족 앱에서 발생한 주문을 분석한 결과 점심시간보다 저녁 시간에 사이드 메뉴를 포함한 주문이 약 1.7배 많았다. 한 끼를 때운다는 느낌이 강했던 배달 음식에서조차 나만의 정찬을 구성하고자 하는 소비자의 니즈가 늘어나고 있다.

☒ 돈을 들여 고급스럽게 즐기는 한 끼

'제대로' 먹는다는 것은 어떤 의미일까? 제대로 먹는다는 건 대충 때우지 않음을 의미한다. 메뉴 하나를 고르더라도 가격, 질, 구성 측면에서 최고를 선택하는 것이다. 빙수 한 그릇을 먹더라도 이왕이면 가장 유명한 곳을 찾아가고, 평소에는 김밥 한 줄로 끼니를 때우더라도 외식을 하는 날에는 고급스러운 식당을 예약해 평소 경험하지 못하는 특별한 메뉴를 맛본다. 시장조사 전문 기업 트렌드모니터가 발표한 '2023 파인 다이닝, 오마카세 등 방문 니즈 관련 조사'에 따르면, 20대의 약 58%, 30대의 약 61%가 "고급 레스토랑에 방문한 경험이 있다"고 응답했다. 또한 "향후에 고급 레스토랑에 방문할 의향이 있다"고 응답한 이의 비율도 전체의 81.1%에 달했다. 방문 소감에 대한 질문에 대해서도 20대의 88.8%, 30대의 84%가 "고급 레스토랑 방문은 하나의 좋은 경험이 될 수 있다"고 응답했다.[5] 고물가로 경기 침체가 이어지는 상황에서도 고급 레스토랑의 인기는 식을 줄 모른다.

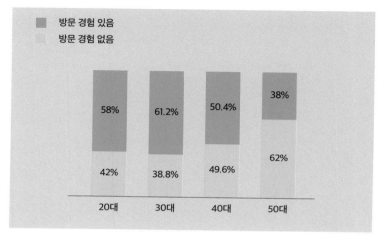

전국 만 19~59세 성인 남녀 1,000명 대상.
출처: 트렌드모니터

　　최근 글로벌 럭셔리 브랜드에서 기획한 F&B 팝업 매장은 이런 변화를 잘 보여준다. '구찌'는 이탈리안 레스토랑인 '구찌 오스테리아 서울'을, '크리스챤 디올'은 콘셉트 스토어이자 카페인 '디올 성수'를, '루이 비통'은 팝업 레스토랑인 '이코이 앳 루이 비통'을 열었다. 럭셔리 브랜드에서 운영하는 식음료 매장의 공통적인 특징은 유명 미쉐린 셰프와 협업해 예술 작품처럼 멋지게 세공된 음식을 선보인다는 것이다.　압도적인 외관 디자인과 감각적인 인테리어를 활용해 브랜드 정체성을 전달하는 점도 인상적이다. 루이 비통이 국내에서 선보인 세 번째 팝업 레스토랑 이코이 앳 루이 비통 역시 다채로운 예술 작품들이 공간을 장식하고 있다. 천장에는 새를 모티프로 표현한 모빌이 날아다니는데, 개당 가격이 무려 1,400만 원에 달한다. 테이블에 놓인 종이꽃 장식은 한 송이에 45만 원을 호가한다. 소비자들은 고급스러운 분위기 속에서 식사를 즐기며 흡사 예술 작품을 감상하듯 한 끼를 충분히 음미한다.

평범한 메뉴가 '호텔'이라는 공간에서 근사한 메뉴로 변신하기도 한다. 빙수, 짜장면, 케이크 등 일상에서 쉽게 접하는 메뉴들을 5성급 이상 특급 호텔에서 경험하는 사람들이 부쩍 늘었다. 서울 강남구에 위치한 조선 팰리스 호텔의 36층에는 전국에서 제일 비싼 짜장면으로 유명한 중식당 '더 그레이트 홍연'이 있다. 여기서 판매하는 '트러플 소고기 볶음 짜장면'의 가격은 한 그릇에 무려 5만 7천 원이다. '헉' 소리 나는 비싼 가격에도 불구하고, 예약조차 어려울 만큼 인기가 많다. 큼직한 소고기와 트러플truffle(송로버섯)이 만들어내는 특별한 맛에 고층에서만 감상할 수 있는 멋진 뷰, 그리고 호텔 특유의 친절한 서비스 및 세련된 분위기가 더해져 '한 번쯤 경험해볼 만한 음식'으로 명성을 얻고 있다.

호텔 디저트도 유행이다. 서울 중구에 위치한 서울신라호텔의 '더 라이브러리'에서 판매하는 '애플망고 빙수'가 대표적이다. 2023년 6월 기준 애플망고 빙수의 가격은 9만 8천 원으로 1년 전 8만 3천 원에

루이 비통이 국내에 선보인 세 번째 팝업 레스토랑인 이코
이 앳 루이 비통.

서 18.1%나 올랐다. 서울 종로구에 있는 포시즌스 호텔 서울의 라운지인 '마루'에서 판매하는 '제주 애플망고 가든 빙수'의 가격은 더 비싸다. 단품 하나에 12만 6천 원이라는 가격을 자랑하며 처음으로 '10만 원대 빙수'로 등극했다. 빙수 한 그릇에 최고급 제주산 애플망고가 2개 가까이 들어가기 때문에 이처럼 높은 가격이 책정된 것이라고는 하지만, 웬만한 고급 식당의 한 끼 식사보다도 비싼 디저트인 것은 분명하다. 이렇게 높은 가격에도 불구하고, 대기 시간이 1시간을 훌쩍 넘을 만큼 제대로 잘 먹고 싶은 사람들의 발길이 끊이지 않는다.

출처: 조선 팰리스 웹사이트

서울 강남구의 조선 팰리스 호텔 36층에 자리한 중식당 더 그레이트 홍연. 짜장면 한 그릇에 5만 7천 원이지만 예약 잡기는 늘 어렵다.

고급 호텔이나 파인 다이닝에만 '금쪽같은 내 한 끼'가 존재하는 것은 아니다. 일반 대중을 타깃으로 하는 평범한 음식점에서도 단일 메뉴를 고급화하는 경향이 나타나고 있다. 심지어는 고급 메뉴를 선보임으로써 입소문을 탄 맛집도 있다. 서울 압구정에 위치한 중식당 '무탄'은 한 그릇에 3만 원짜리 짜장면으로 유명해졌는데, 식사 시간대에는 늘 만석일 정도로 인기가 많다. 이 짜장면의 인기 비결은 바로 스테이크와 트러플을 곁들였다는 점인데, 일반 중식당에서는 보기 힘든 고급 식재료를 사용했다는 점에서 '탕수육보다 비싼 짜장면'으로 불리기도 한다. 최근에는 큼지막한 주꾸미와 가리비를 잔뜩 넣은 '특짬뽕'을 시즌 메뉴로 출시해 차별화를 시도하고 있다.

가볍게 한 끼를 해결하고자 즐기는 죽, 김밥, 라면을 주로 판매하는 가게들도 프리미엄 메뉴로 고급화에 나섰다. 가성비 도시락으로 유명한 '한솥'은 프리미엄·고메이gourmet 메뉴를 새롭게 선보였고, 죽 전문점 '본죽'은 '트러플 전복죽'을 출시했다. 관계자에 따르면 일반 전복죽보다 5천 원이나 더 비싸지만 한 매장에서만 하루에 열 그릇 이상 팔릴 만큼 반응이 좋다고 한다. 동네 가게도 마찬가지다. 서울 성북구 성신여자대학교 근처에 위치한 '수아당'은 2,500원짜리 우엉김밥에서부터 1만 원짜리 연어김밥까지 약 30가지의 김밥을 판매하는 김밥 전문점이다. 방송에도 소개되며 서울 김밥 맛집으로 인정받고 있는데, 그 비결은 저렴한 가격대의 김밥부터 이곳에서만 맛볼 수 있는 고급스러운 프리미엄 김밥까지, 메뉴를 다채롭게 구성해 소비자의 발길을 이끄는 데 있다.

집에서 즐기는 식사도 근사한 한 끼로 변신한다. 특히 집들이를 하거나 생일 모임을 할 때, 또는 친구들과 크리스마스와 같은 기념일을 즐기거나 홈 파티를 하며 기분을 내는 자리에서는 특별한 한 끼가 꼭 필요하다. 이를 놓치지 않고 기회로 만드는 식당이 있다. 서울 서초구 인근 전통 한정식집 '조양관'에서는 1년에 두 번 돌아오는 '명절 음식 세트 메뉴'를 판매한다. 갈비찜, 전복 버터구이, 궁중 불고기 등 9가지 음식을 3~4인용으로 구성해 고객들로부터 좋은 반응을 얻고 있다. BHC 그룹에서 운영하는 프리미엄 다이닝 레스토랑 '아웃백스테이크하우스(이하 아웃백)'는 코로나19를 겪으며 '딜리버리 서비스'를 확대했다. 고객에게 매장에서 먹는 것과 똑같은 느낌을 주고자 친환경적이면서도 고급스러운 패키지를 개발하는 데 심혈을 기울였다. 심지어 최근에는 아웃백의 상징이라고 할 수 있는 '부쉬맨 브레드'의 플레이팅용 우드 트레이를 증정해, 집에서도 실제 레스토랑에서 먹는 듯한 분위기를 한껏 살릴 수 있게 했다.

고객들이 매장에서 먹는 기분을 느낄 수 있도록 포장 패키지에 신경 쓴
아웃백 딜리버리 서비스.

✕ 만족한 '한 끼'에서 행복한 '한 끼'로

사람들이 '한 끼'를 금쪽같이 여기며 시간과 돈을 쏟는다는 사실은, 한 편으로 다른 '두 끼'는 적당히 대충 먹는다는 뜻이기도 하다.《트렌드 코리아 2023》에서 제시했던 '평균 실종'이 사람들의 식생활에서도 나타난다는 사실이 흥미롭다. 그렇다면 왜 사람들은 세 끼를 골고루 적당히 즐기는 대신, 한 끼에 온 힘을 쏟는 것일까? 그 원인은 다음과 같이 크게 세 가지로 정리할 수 있다.

첫째, 바쁘기 때문이다. 한국농촌경제연구원이 발표한 〈2022년 국민 식생활 실태 조사 통계보고서〉 자료를 살펴보면, 전체 국민 중 약 35%의 사람들은 평일에 아침 식사를 하지 않는다. 이 비율은 연령이 낮을수록 증가하는데, 20대의 평일 아침 식사 결식률은 53.8%에 달한다.[6] '삼시 두 끼'를 먹는 사람들이 많다는 뜻이다. 무엇보다 인상적인 사실은 낮은 연령일수록 식사를 하지 않는 주된 이유로 '시간이 없어서'를 선택한 사람의 비율이 증가한다는 점이다. 바쁜 일상을 살아가는 사람들은 시간을 쪼개 두 끼만 챙기기도 벅차다. 대신 이들은 가끔 즐기는 한 끼만큼은 제대로 먹고 싶다고 생각한다. 평일엔 즉석식품이나 도시락, 샐러드 등으로 간단히 먹더라도 주말 저녁만은 제대로 잘 챙겨 먹고자 하는 보상 심리가 강하게 발동하는 것이다.

둘째, 금전적 측면에서의 선택과 집중이다. 코로나19 팬데믹으로 인한 경기 부양책의 여파로 전 세계적인 물가 상승이 심각하다. 통계청의 자료에 따르면 2023년 4월 외식 물가 상승률은 7.6%로 전체 소비자 물가 상승률인 3.7%를 훌쩍 뛰어넘는다.[7] 이에 사람들의 소비 여력이 위축되면서 먹는 데 쓰는 돈에도 '아낄 땐 아끼고, 쓸 때는 쓰자'는 식의 전략적 배분이 작용하게 됐다. 대표적인 사례가 도시락 시장의 성장이다. 도시락 전문 업체 한솥은 가성비에 집중한 기존 메뉴 외에도 '사각 도시락', '보울 도시락' 등을 선보이며, 창사 이래 30년 만에 처음으로 영업이익이 100억 원을 돌파했다고 밝혔다. 편의점 도시락의 판매도 계속 증가하고 있다. 산업통상자원부에서 발표한 〈2023년 3월 주요 유통업체 매출 동향〉에 따르면 편의점 즉석식품(도시락·김밥·샌드위치·간편식)의 매출이 전년도 같은 기간 대비 27.6% 증가한 것으로 나타났다. 이는 2017년 1월 이후 6년 만에 가장 높은 증가율이었다.[8] 이처럼 만성적인 경기 불황과 고물가로 인해 편의점 도시락과 구내식당에서 때우는 식사가 늘어나면서, 가끔은 근사한 식사로 보상받으려는 경향이 강해지고 있다.

마지막으로, 특별한 식사 경험에서 오는 자기만족과 이를 과시하고자 하는 사람들의 욕구가 '금쪽같은 내 한 끼' 트렌드의 가장 중요한 배경이 된다. 서울특별시에서 발표한 〈2022년 서울시 먹거리 통계 조사 보고서〉에 따르면 응답자 중 91.5%가 '먹거리 및 식생활은 삶의 행복에 있어 중요한 요소'라고 답했으며, '삶의 행복도와 먹거리 및 식생활 만족도는 높은 관련성이 있는 것'으로 나타났다.[9] 제대로 된 한 끼를 먹는 것이 자신의 삶을 가꾸는 또 하나의 방법이 된 것이다. 특히 SNS로 소통하는 MZ세대에게 값진 한 끼 식사는 비싼 자동차나 보석만큼이나 중요한 과시재가 된다. 한 번을 먹더라도 SNS에 자랑스럽게 올릴 수 있는 제대로 된 한 끼가 중요해졌다는 것이다.

금쪽같은 내 한 끼는 고급 호텔이나 파인 다이닝에만 국한되는 것이 아니라, 골목 안 작은 음식점에서도 주목해야 할 트렌드다. 여기서 말하는 '금쪽'은 무조건 호화스럽고 비싼 음식만을 뜻하는 것이 아니기 때문이다. 사람들이 그 음식을 먹고 '오늘 하루의 수고를 보상받는 듯한 느낌'을 가질 수 있다면 충분하다. 정성껏 차려진 음식을 여유롭게 즐긴 후, '잘 먹었다'는 행복감을 느낄 수 있다면 그 음식이야말로 세상 그 무엇보다 값진 금쪽같은 음식인 것이다.

그러므로 식당 사장님은 무조건 비싼 음식으로 승부를 걸 게 아니라, 우리가 판매하는 음식에서 소비자가 그만한 가치를 느끼는지를 우선적으로 고민해야 한다. 소중한 한 끼를 찾는 고객을 위해 특별한 식재료를 강조할 수도 있고, 특색 있는 매장 분위기를 강조할 수도 있다. 한정 수량 메뉴를 구비해 사람들의 심리를 자극하는 것도 좋다. 기억에 남을 만한 이벤트를 진행하거나, 특별한 패키지와 포장을 제공함으로써 한 끼 식사를 더욱 가치 있는 경험으로 만들 수도 있다. 그 구체적인 방법과 사례들은 이어지는 외식업 트렌드 키워드에서 자세히 소개할 예정이다.

무엇보다 중요한 것은 우리 손님이 먹는 한 끼의 소중함을 이해하는 것이다. 이미 200여 년 전에 쓰인 《브리야 사바랭의 미식 예찬》(르네상스, 2004)에서 저자는 이렇게 말했다.

"새로운 요리의 발견은 새로운 천체의 발견보다 인류의 행복에 더 크게 기여한다."[10]

오늘 대한민국 모든 식당 사장님들이 손님 앞에 내어놓는 한 끼 식사가 단지 '맛있는 한 끼', '만족스러운 한 끼'를 넘어, 소비자를 '행복하게 만드는 한 끼'가 되길 희망한다.

2

다이닝
게임

3… 2… 1… 시간이 다가올수록 A씨의 심장 소리는 커진다. 혹여나 놓칠까 봐 알람까지 맞춰놓았다. "삑삑"하고 시끄러운 알람 소리가 울리는 순간, 모니터 화면을 보며 열심히 광클(빠른 속도로 마우스를 클릭하기)을 한다. 마침내 팝업 창에 뜬 '구매 완료' 메시지를 확인한 A씨는 기쁨의 환호성을 지른다.[1]

'최애(가장 좋아하는)' 아이돌의 콘서트 티켓을 예매하는 모습이 아니다. A씨가 이토록 힘겹게 구매한 것은 다름 아닌 '약과'다. 최근 밀레니얼 세대 사이에서 할머니 간식이 유행하는 '할매니얼(할매+밀레니얼)' 현상이 확산되면서, 온라인 몰에 약과가 풀리자마자 품절되는 대란이 펼쳐지고 있다. '버들골 약과'나 '장인한과' 등 한과 전문점 브랜드의 인기가 뜨겁다. 약과를 구매하기 위해서 마치 콘서트 티켓을 예매하듯, 미리부터 대기하고 있다가 순식간에 구매해야 한다는 의미의 '약케팅(약과+티케팅)'이란 신조어까지 생겼다.[2]

과자, 빵, 아이스크림, 와플까지…… 맛있는 간식은 수도 없이 많다. 마트나 편의점에 가면 쉽게 구입할 수 있다. 그런데도 왜 사람들은 굳이 약과 하나 먹겠다고 이런 수고를 마다하지 않는 것일까? 먹는 일이 그 어느 때보다 쉽고 간편해진 시대, 이제 식생활은 단순히 배만 채우는 일이 아닌 짜릿한 성취를 주는 게임으로 변신하고 있다. 일부러 2~3시간 기다려야 먹을 수 있는 맛집을 찾아가고, 티케팅하듯 치열하게 유명 식당을 예약한다. 게임 속 아이템을 조합해 나만의 비밀 무기를 만들 듯, 낯선 맛을 조합해 자신만의 특별한 맛을 찾아내려는 현상 역시 점차 늘고 있다.

《대한민국 외식업 트렌드》에서는 음식을 게임처럼 즐기고자 하는 트렌드를 일컬어 '다이닝 게임'이라 명명한다. 게임이 가진 특징 중 하나는 어려운 도전 과제를 단계별로 제시한 뒤 사람들이 그 목표를 달성할 때마다 스테이지를 하나씩 클리어하는 성취감을 느끼도록 하는 것이다. 한편, 게임을 좀 더 쉽게 풀기 위해서 각종 아이템을 이용하는데, 요즘 게이머들은 주어진 아이템을 그대로 사용하기보다는 의외의 조합으로 섞어 예상 밖의 능력을 갖춘 '잇템It-item'을 만들어내곤 한다. 게임의 이러한 핵심 요소가 외식에 적용된 것이 바로 '다이닝 게임' 트렌드다.

다이닝 게임을 즐기는 사람들의 특징은 크게 두 가지다. 첫째, 단지 유명하고 비싼 음식만을 먹고자 하는 것이 아니라 '먹을 기회를 쉽게 얻기 어려운 음식'을 목표로 도전하며, 둘째, 누구나 알 만한 일반적인 음식 조합이 아닌 새로운 조합을 끊임없이 창조하는 일로 자신의 플레이 능력을 과시한다는 점이다. '무엇을 먹느냐' 만큼이나 '어떻게 먹느냐'를 중시하는 요즘, 그들이 즐기는 다이닝 게임 속으로 들어가 보자.

✖ 티케팅하듯 도전하는 식사

"저도 드디어 다녀왔어요!"

'런던 베이글 뮤지엄'은 서울 종로구 안국역 2번 출구에서 북촌으로 올라가는 길에 위치한 베이글 전문점이다. 뮤지엄이라는 상호에서도 나타나듯 '베이글 박물관'을 지향하고 있다. 영국 국기는 물론 엘리자베스 2세를 포함한 영국을 대표하는 유명인들의 그림이 벽에 가득 걸려 있고, 영어로 적힌 메뉴판과 조금은 복잡하게 진열된 에코백, 컵, 펜 등이 마치 유서 깊은 유럽 빵집에 온 듯한 느낌을 선사한다. 가장 중요한 전시물은 여러 종류의 베이글이다. 플레인부터 프레첼 버터 솔트, 치아시드, 무화과, 시금치, 바질 페스토, 시나몬 월넛, 블루베리까지 다양한 맛의 베이글이 즐비하다. 베이글 메뉴 추천이나 먹는 방법이 SNS와 온라인 커뮤니티를 중심으로 공유되며 가게의 명성도 나날이 높아지고 있다. 흥미로운 점은 이 가게의 후기에는 "나도 드디어 먹었다"라는 표현이 많다는 것이다. 심지어 런던 베이글 뮤지엄을 다룬 기사만 검색해보더라도 'O시간이나 기다려서 겨우 먹었다'는 후일담 형식의 내용이 자주 등장한다. 가게 입구에서부터 내리막길 방향으로 길게 늘어선 줄을 보고 있자면 서울에서 가장 한국적인 곳으로 알려진 안국동이 '종로구 런던동'이라고 불리는 이유가 쉽게 이해된다.

유명인들도 줄 서서 먹는다는 베이글 맛집인 런던 베이글 뮤지엄. 갑자기 베이글이 먹고 싶어졌다거나 근처를 지나가는 길에 우연히 들러서는 결코 맛볼 수 없다. 그 명성만큼 오랜 기다림은 필수다.

애초에 줄 서기는 생존에 필요한 것을 얻기 위한 수단이었다. 영국 켄트대학교에서 사회사 및 사회 정책을 가르치는 케이트 브래들리 박사는 2013년 BBC와의 인터뷰에서 "(전쟁 당시) 가난한 이들은 자선 물품 등을 얻기 위해 줄을 서야 했다. 줄 서기가 극심한 생활고와 연관되기 시작한 것"이라고 지적한 바 있다.[3] 반면, 요즘의 줄 서기는 생활고와는 거리가 멀다. 오히려 갖고 싶은 것을 얻고자 하는 경쟁의 의미가 더 강하다. '피케팅'이란 신조어가 이런 특성을 잘 반영한다. 피케팅은 '피 튀기는 티케팅'이라는 뜻으로, 기차표나 공연 관람권을 사기 위해 많은 사람이 한꺼번에 몰려 치열한 경쟁이 벌어질 때 사용된다. 원하는 것이 있으면 애쓰는 것은 당연하다. 하지만 피케팅에 담겨있는 '피'는 '생존을 다툴 만큼 긴박한' 느낌보다는 '남들과 경쟁해 내가 원하는 것을 어떻게든 획득하고야 말겠다'는 의지의 뜻이 더 강하다.

이러한 현상이 이제는 음식을 먹는 행위에서도 자주 나타난다. 사람들이 길게 줄을 선 식당이 있다고 가정해보자. 반드시 그 식당에 가야 할 이유가 있는 것은 아니다. 그 식당에서만 식사를 할 수 있다거나, 그 식당에서 사용해야만 하는 쿠폰이 있는 것이 아님에도 불구하고 사람들은 기꺼이 줄을 선다. 3~4시간 줄을 서서 기다리는 행위를 시간 낭비라고 생각하지도 않는다. 오히려 오랜 기다림 끝에 '드디어' 그 식당을 이용하게 됐을 때, 역설적으로 더 큰 만족감을 얻는다. 기다린 시간만큼 음식 맛이 더 좋게 느껴지는 것이다.

전국에 약케팅 붐을 불러일으킨 장인한과가 대표적인 사례다. 경기도 의정부에 본점을 둔 장인한과는 경기도 포천에 카페 '장인더'를 운영하고 있는데, 이곳에는 아침 7시부터 대기 줄이 늘어선다. 온라인으로 주문이 가능함에도 불구하고 사람들이 가게에 직접 줄을 서는 이유는 파지 약과를 구매하기 위해서다(물론 온라인 역시 빠른 품절로 주문이 쉽지 않다). 일명 '못난이 약과'라 불리는 파지 약과는 정품 약과를 만드는 과정에서 깨지거나 일정한 규격에 어긋나는 바람에 팔지 못하게 된 폐기 상품이다. 장인한과는 이를 상품화했다. 가격을 정품 약과의 3분의 1로 낮추고 매장에서만 판매하기 시작했는데, 정품 약과의 온라인 구매를 번번이 놓치던 소비자들이 직접 찾아오기 시작한 것이다. 매장 영업시간 전에 줄을 서면 살 수 있다는 경험담이 퍼지며, 주말에는 새벽부터 줄이 길어진다. 조금만 부지런하면 저렴한 가격으로 약과의 달콤함에 더해 구매에 성공했다는 즐거움까지 맛볼 수 있기에, 소비자들은 열심히 대기 줄로 발걸음을 옮긴다.

'서울 3대 고깃집', '제주 5대 맛집', '전주 따라잡기 10대 식당' 등 꼭 방문해야 하는 식당 리스트도 사람들의 줄 서기를 독려한다. 예컨대 네이버에 '서울 3대 고깃집'을 검색하면, '금돼지식당', '몽탄', '남영돈'이 나오는데 세 곳 모두 예약하기가 하늘의 별 따기만큼 어려운 식당으로 유명하다. 방문 후기를 올리면 "그 비싼 곳을 어떻게 다녀왔

폐기 처분되던 파지 약과가 이제는 고객들이 줄 서서 구매하는 히트 상품이 됐다. 제품 홍보를 담당하는 SNS 계정과 홈페이지에서는 매일 품절 안내를 하기 바쁘다.

어요?"라는 감탄 대신 "그 예약하기 어려운 곳을 어떻게 다녀왔어요?"라는 부러움을 산다. 재미있는 점은 이 식당들이 서울 3대 고깃집이 된 이유가 무엇인지 특정하기도 어렵다는 사실이다. 미쉐린 가이드나 블루리본 같은 권위 있는 맛집 평가단이 선정한 것이 아니라, 소비자 스스로 '서울 ○대 맛집'이라는 이름을 붙이며 반드시 방문해야 할 리스트를 만들어낸다. 이렇게 이름표가 붙은 식당은 또다시 사람들을 불러 모으며 줄 서는 식당으로 거듭나는 것이다.

　줄 서기는 메뉴에도 적용된다. 한정 수량 판매가 대표적이다. 같은 메뉴라 하더라도 소수에게만 판매하는 메뉴라면 소비자의 구매 욕구를 자극할 수 있다. 글로벌 버거 브랜드 '쉐이크쉑SHAKE SHACK'은

2021년 한국 진출 5주년을 기념해 '서울식 불고기 버거'와 '막걸리 쉐이크'를 약 한 달간 기간 한정 제품으로 출시했다. 특히 지평막걸리와 협업해 선보인 막걸리 쉐이크는 젊은 소비자를 중심으로 화제가 돼 1년 뒤 다시 한번 한정 판매로 재출시될 정도로 뜨거운 인기를 얻기도 했다. 가정식 스테이크 전문 체인점인 '미도인'은 기본 메뉴뿐만 아니라 '400g 스테이크 덮밥', '미도인 구첩반상' 등 스페셜 한정 메뉴를 매일 정해진 수량만큼만 판매한다. 방문 후기를 보면 스페셜 한정 메뉴를 먹기 위해 오픈 시간에 맞춰 방문하는 고객들이 따로 있을 정도다.

원하는 식당에서 밥을 먹기 위해 기꺼이 티케팅 게임에 뛰어드는 소비자가 증가하면서, 이들을 지원하는 식당 예약 플랫폼과 원격 줄서기 앱도 호황을 맞고 있다. 외식업 전문 통합 솔루션 기업 '와드'가 2020년에 서비스를 시작한 '캐치테이블'은 실시간 예약 기능을 강점으로 내세우는 시장 점유율 1위의 식당 예약 앱이다. 인기 식당은 예약이 열리자마자 1초 만에 마감되기 때문에, 대학교의 인기 과목 수강 신청보다 더 어렵다는 소문이 난다.

오프라인이 아닌 앱에서 하는 원격 줄 서기도 인기다. 원격 줄 서기란 식당 앞에서 직접 줄을 서지 않고, 모바일 앱으로 번호표를 받아 미리 대기할 수 있는 서비스다. 앱 내에서 화면 스크롤만으로 여러 음식점을 비교할 수 있다 보니, 젊은 세대는 인기 있는 식당 중에서도 줄 서기 앱을 사용하는 곳을 더 선호한다. 대기 시간을 예측해 남은 시간 동안 주변 장소를 방문하거나, 휴대폰으로 웹툰을 보거나 SNS 를 하면서 시간을 보낼 수 있다. 마냥 기다리는 대신, 조금 더 자기 주 도적이고 효율적으로 시간을 활용할 수 있는 것이다. 대표적인 원격 줄 서기 앱인 '테이블링'은 2022년을 기준으로 월간 이용자 수 95만 명을 돌파하며 2021년 대비 25배나 급증한 가파른 성장세를 보이고 있다.[4]

인기 식당을 예약하기 위한 경쟁이 나날이 치열해지자, 해당 식당 을 방문할 수 있는 기회를 '경품'으로 제공하는 진기한 상황도 나타났 다. 2022년 11월, 온라인 쇼핑몰 'SSG닷컴'이 자사 멤버십 회원에게 경품으로 내건 상품은 상품권도 포인트도 아닌, '예약이 어려운 인기

식당 예약 및 줄 서기 앱은 이제 미식 생활의 필수품이 됐다.

레스토랑의 이용 기회'였다. 캐치테이블과 협업해, 오픈과 동시에 예약이 마감되거나 예약 자체를 받지 않아 매장 앞 대기 줄이 긴 것으로 유명한 식당 10곳을 선정하고, 당첨자에게 특정 날짜에 해당 식당을 방문할 수 있는 기회를 제공한 것이다.[5] 해당 식당에서 식사할 수 있는 '돈'이 아니라 식사를 할 수 있는 '권리'를 당첨 상품으로 내걸었다는 점이 재미있다. 이는 줄 서서 기다리는 행위의 가치가 돈으로 환산된 것이라 해석할 수 있다.

치열하게 얻어낸 음식을 인증하는 현상은 오프라인에서만 나타나는 것이 아니다. 온라인에서도 높은 경쟁률을 뚫고 획득한 음식을 얼마든지 자랑할 수 있다. 2022년 월드컵 시즌, 한국 대표 팀의 16강 진출과 함께 떠들썩해진 사건이 있었다. 바로 '치킨 대란'이다. 한국 팀의 경기를 보며 치킨을 즐기고 싶었던 사람들 사이에서 치킨 주문 경쟁이 일어난 것이다. 한꺼번에 많은 소비자가 몰린 나머지, 치킨 주문에 성공한 사람들은 너도나도 SNS에 인증 글을 올렸고, 주문에 실패한 사람들은 부러움의 댓글을 달았다. 이날 하루 동안 SNS에 게시된 치킨 인증 관련 글은 평소 대비 4.5배나 증가했다. 평범하기 그지없던 '치킨 배달시켜 먹기'가 특별한 날을 맞아 하나의 경쟁이자 게임이 된 것이다.

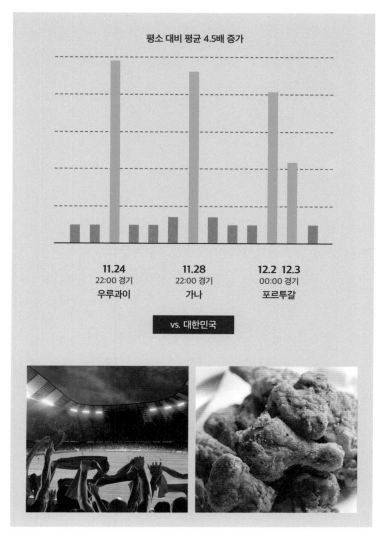

평소 대비 평균 4.5배 증가

11.24
22:00 경기
우루과이

11.28
22:00 경기
가나

12.2 12.3
00:00 경기
포르투갈

vs. 대한민국

출처: 썸트렌드^{some.co.kr}

✖ 게임 아이템 만들 듯 조합하는 맛

한 방송에서 이연복 셰프가 치즈케이크를 먹는 장면을 보고, 시청자들은 깜짝 놀랐다. 치즈케이크에 김치를 올려 먹었기 때문이다. 치즈케이크와 김치의 조합이라니! 이상한 조합이라고 눈살을 찌푸리던 사람들은 어느새 그 맛을 궁금해하기 시작했다. 치즈케이크의 느끼함을 매콤한 김치가 잘 잡아줄 것 같기도 하고, 꽤나 많은 사람이 맛있다고 추천하니 왠지 도전해보고 싶은 마음이 생긴 것이다.

이렇듯 예측하기 어려운 낯선 맛 조합을 만들어내는 소비자들이 늘고 있다. 이들은 의외의 맛에 열광하며 세상에 없는 특별한 맛을 창조하는 데 거리낌이 없다. 그렇게 탄생한 레시피는 SNS를 통해 공유되고, 새로운 맛을 만들어낸 '쩝쩝박사(음식에 대해 잘 아는 사람을 일컫는 신조어)'들은 커다란 성취감을 느낀다. 마치 게이머들이 아이템을 조합하며 캐릭터의 능력치를 상승시키려 노력하는 것처럼, 소비자들은 나만의 레시피대로 음식을 조합해 먹는 즐거움을 극대화한다. 이질적인 재료들을 풀로 이어 붙여 미술 작품으로 만드는 것을 콜라주collage라고 하는데, 음식을 창의적으로 조합하는 이런 작업은 가히 '푸드 콜라주'라고 부를 만하다.

솜사탕이 마라탕과 만나면 무슨 맛이 날까? 간식이었던 솜사탕이 새로운 맛 조합의 '치트 키'로 등장하고 있다. 유튜버 '히밥'은 뜨끈한 마라탕에 바삭한 누룽지를 올리고 그 위에 새하얀 솜사탕을 얹은 음식 조합을 선보여 사람들을 놀라게 했다. 더 놀라운 것은 이 조합이 단순한 일회성 실험이 아니라, 2022년 3월 서울 마포구 홍대입구역 근처에 위치한 한 쇼핑몰의 오프라인 공간에서 직접 판매한 한정판 메뉴라는 사실이다(스타트업 웨이브에서 제공하는 로봇 기반의 주방 운영 서비스 '아웃나우'를 통해 진행됐다).[6] 상상도 못 해본 조합인데 맛은 어떨까? 의외로 '맛있다'는 반응이 많았다. 설탕을 뿌린 누룽지의 단맛과 마라탕의 매콤함이 어우러져 그럴싸했다는 것이다.

새로운 맛 조합 실험은 방송에서 비롯되기도 한다. iHQ에서 방송되는 〈맛있는 녀석들〉은 전국 방방곡곡의 식당을 방문해 소개하며, 음식을 더 맛있게 먹는 법을 공유하는 예능 프로그램이다. 패널들은 매번 '팁'이라는 이름으로 기성 메뉴에 새로운 재료를 더하거나, 여러 메뉴를 섞어 먹을 수 있는 방법을 알려준다. 이는 음식을 더 재미있고 맛있게 먹기 위한 가벼운 창작 레시피로, 푸드 콜라주의 전형적인 예라고 할 수 있다. 매운 갈비찜을 먹을 때는 얇게 썬 양배추에 케

첩과 마요네즈를 버무리면 양념의 풍미는 유지되면서도 자극이 덜하고, 이미 구워진 돼지껍데기에 초장, 마늘, 물, 그리고 꿀을 발라 다시 한번 구우면 매콤달콤하고 쫀득한 맛이 한층 살아나며, 편의점 3분 미트볼을 익혀 으깬 뒤 그릇에 냉동 만두를 깔고 으깬 미트볼과 모차렐라 치즈를 얹어 전자레인지에 돌리면 이탈리아식 만두 파스타인 라비올리 맛을 느낄 수 있다고 한다. 먹는 데 일가견이 있는 패널들의 다년간에 걸친 경험에서 나온 음식 조합이다 보니, 시청자 입장에서는 한 번쯤 도전해보고 싶은 새로운 미션처럼 느껴진다.

2022년 MBC의 예능 프로그램 〈나 혼자 산다〉에는 얼그레이 시럽에 위스키를 섞고 얼음을 넣어 마시는 '얼그레이 하이볼'이 등장했다. 얼그레이 하이볼은 코미디언 박나래가 본인이 출연 중인 다른 프로그램 〈줄 서는 식당〉 촬영으로 닭 요리 전문점 '송계옥'에 방문했을 때 무려 12잔을 마시고 해당 식당 직원에게 레시피를 물어본 것으로 유명해졌다. 그녀가 이 레시피로 얼그레이 하이볼을 만드는 장면이 방송에 노출되면서, 소비자들도 만드는 방법을 궁금해하기 시작했다. 이에 송계옥에서는 수개월에 거친 연구와 실험을 통해 완성한 하이볼 레시피를 공식 SNS에 공개하기도 했다.

새로운 맛을 만들기 위해 무조건 독특한 조합을 고민할 필요는 없다. 집에서 쉽게 찾아볼 수 있는 재료로 근사한 레스토랑에서 맛볼 만한 메뉴를 탄생시킬 수 있다면 더할 나위 없이 만족스럽다. 예를 들어

편의점에서 쉽게 구할 수 있는 바닐라 아이스크림에 고소한 참기름이나 향긋한 올리브유를 넣고 후추를 살짝 첨가하면, 고급 레스토랑에서 먹는 아이스크림 디저트의 풍미가 느껴진다. 커피 전문점 '폴바셋'의 '아이스크림 카페 라떼'를 집에서 직접 만들어볼 수 있는 레시피도 인기다. 얼음 컵에 우유를 붓고 인스턴트 커피 '카누' 3개를 잘 녹여서 넣는다. 여기에 바닐라 맛 아이스크림 '빵빠레'를 올리고 기호에 따라 시럽이나 시나몬 파우더를 추가하면 완성이다. 만드는 사람마다 재료의 종류나 양이 달라지기도 해 맛이 일정하진 않지만, 스스

폴바셋의 인기 메뉴 아이스크림 카페 라떼와 편의점에서 쉽게 구매할 수 있는 재료들로 그 맛을 재현한 빵빠레 라떼.

달콤하고 부드러운
빵빠레라떼

재료
우유 200mL, 에스프레소, 빵빠레, 연유, 시럽, 시나몬 파우더

로 완성한 결과물을 SNS에 공유하는 즐거움은 누구에게나 동일하다.

소비자가 발견해 입소문을 타기 시작한 조합은 식품업계에까지 영향을 미치며, 때로는 정식 제품으로 출시되기도 한다. 농심은 소비자들의 행동을 반영한 신제품을 꾸준히 내놓고 있다. '짜파게티'와 '너구리'를 섞어 끓이는 일명 '짜파구리'는 알음알음 유행하던 오래된 레시피였는데, 2019년 초 아카데미 작품상 등 4개 부문을 수상한 영화 〈기생충〉에 등장하면서 전 세계적으로도 인지도가 매우 높아졌다. 이에 농심은 북미권을 타깃으로 '앵그리 짜파구리'라는 이름의 컵면과 봉지면을 순차적으로 출시했다. 또 2021년에는 피시방에서 사람들이 너구리에 카레 가루를 뿌려 먹는 레시피에 착안해 '카구리(카레+너구리)' 컵면도 출시했는데, 한 달 만에 230만 개 이상이 판매되며 일시적으로 공급 대란을 겪기도 했다.[7] 닭고기 전문 업체 하림은 라면에 햄과 소시지를 넣어 부대찌개처럼 먹고자 하는 소비자들의 욕구를 반영해, 라면에 치킨 햄과 소시지를 넣은 '챔라면'을 출시하기도 했다.

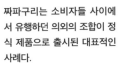
짜파구리는 소비자들 사이에서 유행하던 의외의 조합이 정식 제품으로 출시된 대표적인 사례다.

✖ 식사, 포만감 이상의 가치를 제공하라

사람들이 식당 앞에 길게 줄지어 서 있는 모습이 최근에야 등장한 새로운 현상은 아니다. 식당의 좌석보다 방문하는 손님이 많다면 나중에 온 사람들이 기다리는 것은 너무나 당연하다. 맛있는 음식을 먹으며 다른 이들에게 자랑하고 권하는 일 역시 인류가 불을 피우고 음식을 요리한 이래 수차례 반복해온 양상이었을 것이다. 그럼에도 불구하고 요즘의 과열된 줄 서기 열풍은 어딘가 낯설게 느껴진다. 왜 사람들은 이렇게나 열심히 줄을 서는 것일까? 새로운 레시피를 개발하려는 시도도 마찬가지다. 새로움에 대한 욕구 역시 어제오늘의 일은 아니지만 최근의 푸드 콜라주는 전통적인 레시피 개발의 범주로 보기어려울 만큼 다양한 방향으로 진화하고 있다. 왜 사람들은 이렇게 열심히 새로운 맛을 만들어내려고 하는 것일까?

어릴 때부터 게임을 일상처럼 즐겨온 세대가 게임의 논리를 실생활에서도 자연스럽게 실천하고 있다. 게임에서 어려운 임무를 성공했을 때 성취감을 느끼듯, 음식을 먹는 행위에서도 비슷한 성취감을 경험하고자 하는 것이다. 줄 서기는 사람들이 들이는 노력과 그로 인해 얻는 성취감을 직관적으로 시각화한다. 식당 앞에서 긴 줄 서기에 동참하고 있다고 상상해보자. 나를 기준으로, 앞에 서 있는 사람들은 내가 목표 지점에 닿기 위해 해야 할 '노력'을 뜻한다. 반대로 내 뒤에 있는 사람들은 내가 그동안 이룬 '성취'를 의미한다.[8] 즉, 기다림 끝에 그 식당에 입장해 음식을 먹는 순간 내가 들인 노력이 드디어 성과로 치환되는 것이다.

나만의 신기한 조합을 만들어내려는 일도 비슷한 맥락이다. 내가 만든 레시피를 SNS를 통해 불특정 다수와 공유하면서 느끼는 즐거움도 다이닝을 게임화하는 요소다. 이렇게 공유된 내용은 남들에게 뒤처지고 싶지 않은 사람들의 욕구를 자극하고, 더 많은 도전과 성취의 과정으로 확대되며 재생산된다.

2022년 10월, 서울대 소비트렌드분석센터와 배달의민족이 실시한 고객 설문 조사에서 한정 판매하는 식당이 "(배짱 장사를 하는 것 같아) 기분 나쁘다"는 응답은 전체의 23.5%에 불과했다. 대신 응답자의 약 77%는 "한정판 음식을 보면 남들에게 뒤처지지 않도록 먹어보고 싶다"고 대답했다. '먹는 것 가지고 장난치지 말라'던 기성세대와 달리 '먹는 것 가지고 마음껏 장난치는' 새로운 세대의 등장이 외식산업에도 새로운 바람을 몰고 온 것이다.

| 한정 판매 식당에 대한 고객 반응

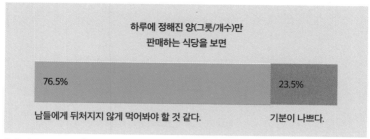

하루에 정해진 양(그릇/개수)만
판매하는 식당을 보면

| 76.5% | 23.5% |

남들에게 뒤처지지 않게 먹어봐야 할 것 같다.   기분이 나쁘다.

출처: 배민외식업광장 ceo.baemin.com

사실 '손님들이 줄 서는 식당'이 되는 것은 모든 식당 사장님의 꿈이다. 배민외식업광장이 실시한 한 설문 조사에서는 "2023년 새해 목표는 무엇인가요?"라는 질문에 약 36.2%의 사장님이 '줄 서는 가게 만들어보기'라는 항목을 골랐다. 이처럼 소비자가 우리 가게를 방문하기 위해 줄까지 선다는 것은 분명 멋진 일임이 틀림없다. 그렇다면 사람들이 줄을 서는 식당을 만들기 위해서는 어떻게 해야 할까?

물론 맛도 좋고 홍보도 잘해야 하겠지만, 그것만으로는 다이닝 게임에 등장하는 신드롬이 되기 부족하다. 앞서 소개한 줄 서는 식당 몽탄은 분점이나 가맹점을 내지 않는다. 아무리 손님이 많아도 밤 9시가 되면 반드시 문을 닫는다. 대전의 명물로 손꼽히는 제과점 '성심당' 역시 절대 대전 이외의 지역으로 지점을 늘리지 않는다. 매장을 늘리고 영업시간을 연장하면 좀 더 많은 매출을 낼 수 있을 텐데, 그렇게 하지 않는 이유는 무엇일까? 한 매체와의 인터뷰 중 "왜 가맹 사업을 하지 않느냐?"는 기자의 질문에 대해 몽탄의 조준모 대표는 이렇게 답했다.

> "돈을 더 빨리 벌 수 있으니까 그러고 싶기도 했습니다. 하지만 희소성 차원에서, 롱런 브랜드를 만들기 위해 그러지 않는 거죠."[9]

그렇다. 사람들을 줄 세우는 힘은 단지 맛있는 메뉴나 대형 프랜차이즈의 명성에서 오는 것이 아니다. 사람들로 하여금 쉽게 가질 수 없는 기회에 도전해 성취감과 기쁨을 느끼게 하는 것, 바로 그러한 전략과 진정성에서 출발한다. 사람들을 찾아오게 하고, 줄 서게 하는 다이닝은 '맛'과 '포만감' 이상의 가치를 제공할 수 있어야 한다. 하면 할수록 더욱 빠져들고, 하지 말라고 할수록 더욱 안달 나는 '게임의 법칙'을 식당에도 적용해야 할 때다.

대전 지역을 벗어나지 않는다는 성심당의 고집은 찾아오는 고객
들에게 일종의 성취감을 선사한다.

3

정답식사

맞아요, 한 번쯤 있으실 겁니다.

식사는 해야겠고, 뭘 먹을진 모르겠고,

그럴 땐 이 노래를 불러볼까요?

한식, 양식, 중식, 일식, 매운 거, 안 매운 거, 빵이나, 밥이나, 면이

나, 떡, 뜨거운 거, 차가운 거,

막 던지기 어려우면 이 노래를 불러보자!

꽂히는 게 나올 때까지!

- '뭐 먹을지 고민될 때 부르는 노래', 유튜브 채널 '티키틱 TIKITIK'

아, 오늘 점심은 또 뭐 먹지? 즉석 떡볶이나 먹을까?

즉떡? 어제도 그거 먹었잖아. 그랬나?

어! 그럼 너 먹고 싶은 거 먹자.

순대국밥은 어때? 순대국밥? 맛있는 건 알지만 안 땡기네요! 오늘 더워서 뜨거운 국물은 별론데.

그럼, 중국집? 중국집? 맛있는 건 알지만 안 땡기네요! 오늘 느끼한 건 먹기 싫은데.

그럼, 돈가스 먹자. 돈가스? 맛있는 건 알지만 안 땡기네요!

- '점심메뉴 고르기 어려울 때 듣는 노래', 유튜브 채널 '빵쏭bbangsong'

위의 두 인용문은 식사 메뉴를 고르는 상황을 소재로 만들어진 유튜브 콘텐츠의 노래 가사 중 일부다. 그 조회 수는 실로 엄청나다. 2023년 6월 기준으로 '뭐 먹을지 고민될 때 부르는 노래'는 659만 회, '점심메뉴 고르기 어려울 때 듣는 노래'는 161만 회의 조회 수를 기록했다. 어떻게 끼니를 챙겨 먹을지 고민하는 우리들의 마음을 정확히 표

식사 메뉴 선정에 대한 고민을 노래로 풀어내 큰 공감을 얻은 '티키틱'과 '빵쏭'의 콘텐츠.

현해 많은 공감을 얻고 있다. 사람들은 식사 메뉴를 결정할 때 음식의 종류와 맛, 칼로리뿐만 아니라 음식이 제공되는 장소의 분위기, 그리고 함께 먹는 이의 취향까지 고려하고는 한다. 우리가 쉽게 말하는 "뭐 먹지?"는 결코 쉬운 질문이 아니다. 끼니마다 반복되는 매우 복잡하고 어려운 의사 결정인 셈이다.

세상엔 맛있는 것이 정말 많다. 내 입맛에 딱 맞는 음식을 먹을 때 느끼는 행복감은 그 어떤 행복과도 비교하기 어려울 정도다. 맛없는 음식으로 대충 배를 채우고 나면 기분이 한없이 나빠지기도 한다. 하루에도 여러 차례 매일 반복하는 식사지만, 음식만큼 손쉽게 사람들의 기분을 들었다 났다 하는 것도 없다. 이런 식사에도 과연 '정답'이 있을까? 대답은 '없지만 있다'이다. 사실 식단이 정해진 구내식당이 아니고서야 메뉴 선택에 정답이 존재하지는 않는다. 하지만 누군가가 "지금 너는 이것을 먹어야 해" 하고 결정해줄 때, 그것은 하나의 정답이 될 수 있다.

선택에 대한 부담은 줄이고 싶지만, 그렇다고 맛없는 음식을 대충 먹고 싶지도 않은 요즘 소비자들의 심리에 주목해보자. 그들은 바쁜 시간을 쪼개 최신 정보를 검색하기는 부담스럽지만, 막상 트렌드에 뒤처지고 싶지는 않은 상태다. 이런 순간에 그들에게 필요한 것은 '당신은 지금 이것을 먹는 게 가장 좋다'고 알려주는 정답지다. 이에 《대한민국 외식업 트렌드》에서는 최적의 메뉴를 선택할 수 있도록 '정답'을 제시해주는 것을 선호하는 트렌드를 **'정답식사'**라고 명명한다.

정답은 여러 방법으로 구할 수 있지만, 여기서 가장 주목하는 정답의 근거는 '전문가의 조언'과 '상황에 따른 선택' 두 가지다. 소비자는 최상의 맛을 경험하기 위해 식사와 관련된 다양한 '전문가'가 제안하는 정보를 적극적으로 받아들이기도 하고, 당연하기 때문에 실패에 대한 걱정 없이도 언제든 만족할 수 있는 '상황별' 메뉴를 선택하기도 한다. 신뢰할 수 있는 전문가의 조언이나 이미 문화적으로 형성돼 많은 사람이 따르는 식습관은 정보 과잉 시대에서 소비자가 느끼는 심리적 부담을 줄여줄 수 있다. 정답식사의 두 형태를 표로 정리하면 다음과 같다.

| 정답식사의 형태

	식큐레이션	식츄에이션
정답의 기준	전문가의 정보	그때의 상황
배경	정보 과잉	실패 경험 축적
목적	정보 축소, 최상의 맛	실패 없는 식사, 최고의 만족
방법	배우기	즐기기

✖ 식큐레이션: 전문가가 알려주는 정답식사

선택지가 너무 많아 고민인 시대다. 2022년 12월 기준, 배달의민족 앱에 등록된 메뉴의 수는 무려 2,683만 개가 넘는다. 배달 앱을 열면 쏟아지는 수십만 가지의 메뉴 앞에서 소비자들은 선택에 대한 피로감을 느끼기 십상이다. 단지 맛있게 한 끼를 먹고 싶을 뿐인 사람들 앞에 너무나 많은 양의 정보가 놓인 셈이다. 이럴 때 효율적으로 정답식사를 추구하는 현명한 소비자들은 일명 '쩝쩝박사'라 불리는 전문가를 찾아 나선다. 전문가가 반드시 유명 요리 학교를 졸업한 셰프일 필요는 없다. 때로는 가게를 운영하는 사장님이, 때로는 그 가게에서 일하는 파트타이머가, 때로는 우리 동네 알짜 맛집을 줄줄이 꿰고 있는 인플루언서가 나에게 최적의 음식을 추천하는 전문가로 변신한다. 소비자는 전문가가 추천하는 '식큐레이션食+curation'을 바탕으로 실패에 대한 걱정 없이 최상의 맛 조합을 손쉽게 경험할 수 있다. 큐레이션이라는 말에서 알 수 있듯, 여러 정보나 콘텐츠 중에서 소비자에게 필요한 것을 골라 제안하는 행위의 대상이 이제 먹을거리로까지 확장된 것이다.

만화를 원작으로 한 일본의 인기 드라마 〈심야식당〉은 자정부터 아침 7시까지 영업하는 가게가 배경이다. 특별한 식당 이름도 없이, '마스터'로 불리는 주인장과 음식을 먹으러 방문하는 손님들의 사연이 드라마를 이끌어간다. 이 식당에는 별도의 음식 메뉴가 없다. 메뉴판에 적힌 것은 오직 '된장국, 맥주, 사케, 소주' 네 가지뿐이다. 메뉴는 마스터인 주인이 결정한다. 그날 매장에 있는 재료를 가지고 손님의 이야기에 맞춰 마스터가 음식을 만들어 내준다. 손님들의 사연을 들으며 마스터가 툭 하고 내어놓는 음식, 그리고 그 음식을 먹으며 한결 편안해진 표정으로 가게를 나서는 손님들이 바로 이 드라마의 주인공이다.

드라마에서나 나올 법한 이런 식당이 실제로도 존재한다면 어떨까. 셰프가 알아서 손님들에게 음식을 내는 '맞춤형 코스'를 제공하는 식당이 등장하고 있다. 서울 성동구 성수동에 있는 '에피타이트'가 대표적이다. '평범한 일상을 밝혀줄 특별한 한 끼'를 만드는 것을 신조로 하는 에피타이트는 익숙한 재료를 새롭게 조합하거나 평범한 메뉴에 의외의 재료를 넣는 등 낯설진 않지만 신선한 무국적 요리를 제공하는 캐주얼 레스토랑 겸 와인 바다. 시즌별로 새로운 메뉴를 선보이는 이곳은 셰프가 단골손님의 기호를 잘 알다 보니, 가격, 재료, 음식 구성을 손님의 취향에 맞춰 알아서 내놓는다. 당연히 이 음식들은 메뉴판에서는 찾아볼 수 없다. 서울 강남구 논현동에 위치한 '홍신애솔트'도 유사한 서비스를 선보이는 곳이다. 본래 홍신애솔트는 '맡김차림'을 전문으로 하는 식당은 아니다. 다만 가게 특성상 다른 식당에서 찾기 어려운 독특한 메뉴가 많은 편인데, 선택에 어려움을 느끼는 손님들이 가끔 셰프에게 '알아서 음식을 내어달라'고 부탁한다.[1] 음식의 전문가인 셰프에게 정답식사를 요청하는 셈이다.

고객이 주문하지 않고 셰프가 알아서 음식을 내어주는 형태를 흔히 오마카세 혹은 맡김차림이라고 하는데, 오마카세의 유행은 최근

연구를 거쳐 만든 독특한 메뉴를 선보이는 식당 홍신애솔트. 손님들의 요청으로 다양한 구성의 맡김차림을 제공한다.

외식업 시장에서 뜨거운 화두 중 하나다. 오마카세 열풍을 여러 각도에서 해석할 수 있겠지만, 정답식사 트렌드의 측면에서도 잘 맞아떨어진다. 고객의 의사 결정 부담을 없애줌으로써 식사를 편안하게 즐길 수 있도록 만들고 만족감을 더해준다는 것이다.

때로는 가게에서 일하는 직원이 소비자에게 딱 맞는 정답식사를 추천하는 전문가로 변신하기도 한다. 빵의 종류, 치즈의 종류, 햄 굽기, 소스, 토핑 등 샌드위치를 구성하는 재료를 하나하나 선택해야 하는 샌드위치 프랜차이즈 '써브웨이'에서 소비자들은 당황하기 마련이다. 아직 개인 맞춤형 서비스에 익숙하지 않은 고객이라면, 너무 많은 옵션 앞에서 무엇을 선택해야 할지, 어떻게 먹어야 가장 맛있을지 고민이 되기 때문이다. 이때 소비자에게 정답을 제안해주는 사람은 다름 아닌 파트타이머 직원이다. "매운 것을 잘 드시는 분들은 할라페뇨jalapeño를 반드시 추가하고, 다이어트 중인 분들은 보통 위트wheat로 주문하세요"라는 직원의 설명은 선택을 한결 편하게 만든다. 최근에는 '써브웨이 직원이 추천하는 꿀조합'과 같은 콘텐츠를 만들어 브랜드 차원에서 SNS에 홍보하기도 한다.

키오스크로 주문을 받는 식당에서도 손님에게 정답식사를 제안할 수 있다. 직원이 직접 주문을 접수한다면 손님은 추천 메뉴나 인기 메뉴가 무엇인지, 맵기는 어느 정도인지 등을 물어볼 수 있겠지만, 키오스크를 이용할 경우엔 아무런 정보 없이 주문을 해야 하기 때문에

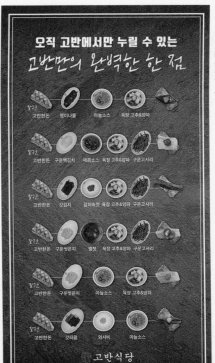

다양한 밑반찬과 소스를 제공하는 고
반식당은 음식의 맛을 살리는 꿀조합
을 제안해 고객들의 만족도를 높인다.

소비자에게 선택권이 많아 오히려 고
민이 가중될 경우, 해당 메뉴에게 대해
가장 잘 알고 있는 직원의 제안이 매력
적인 정답이 되기도 한다.

손님들의 선택을 돕기 위한 정답식사 가이드가 더욱 중요하다. 성남을 기점으로 여러 지역에 지점을 운영하고 있는 수제 버거집 '찰리스버거'는 키오스크 오른편에 '단골's 추천 조합'이라는 안내문을 붙여뒀다. 만년 다이어터인 단골에게는 체더치즈를 화이트치즈로 변경해 나트륨을 줄이는 조합을, 미국인 단골에게는 더블 패티 치즈버거에 베이컨과 버터에그를 추가하는 조합을 추천하는데, 고객 특성별로 적절한 조합을 추천해 처음 방문하는 손님들의 키오스크 메뉴 선택이 쉽도록 도와준다. 한돈 구이 전문 프렌차이즈인 '고반식당' 역시 고기와 어울리는 다양한 반찬 및 소스 조합을 포스터로 만들어 매장에 비치해뒀다. '명이나물+마늘소스+고추양파'와 '갓피클+와사비+마늘소스' 등 총 6가지 꿀조합을 추천해주는데, "오직 고반에서만 누릴 수 있는 완벽한 한 점"이라는 문구로 손님들의 신뢰를 불러일으킨다.

심지어는 배달 앱을 사용해 음식을 주문할 때도 손님들은 사장님이 제안하는 정답에 의지한다. 사장님이 선정해 배달 앱에 표시해둔 '우리 가게 대표 메뉴' 혹은 '사장님 추천 세트 메뉴'를 주문하는 소비자가 압도적으로 많다. 배달의민족 주문 데이터를 살펴보면, 2022년 11월 기준 일반 메뉴와 대비해 대표 메뉴를 클릭한 소비자의 수가 약 1.9배 더 많은 것으로 나타났다. 소비자들이 다양한 메뉴를 살펴보며 무엇을 주문할까 고민하다가도, 가게의 전문가인 사장님의 선택을 신뢰하고 정답인 메뉴를 선택했음을 확인할 수 있다.

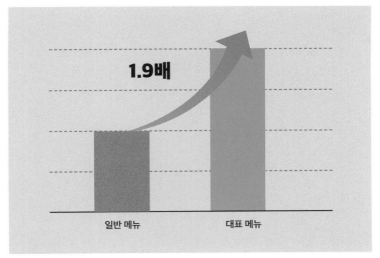

출처: 배민외식업광장ceo.baemin.com

셰프, 사장님, 직원 등이 식당 관계자로서 자신이 소속된 가게의 정답식사를 추천하는 전문가라면, 각종 미디어에서 활동 중인 '푸드 인플루언서'는 세상에 존재하는 수많은 음식 중에서 어떤 메뉴를 먹어야 좋을지 선택지를 좁혀주는 전문가의 역할을 담당한다. 다만 이들의 경우 특정 식당에 갔을 때 꼭 먹어야 하는 메뉴를 추천하는 동시에 사람들이 모르고 있던 다양한 맛집을 소개해주기 때문에, 정답을 좁혀주기도 하고 넓혀주기도 한다는 점에서 다소 차이가 있다. 예를 들어 인스타그램 계정 '스누푸파: 서울대 뭐 먹지'는 서울대학교를 중

심으로 주변 지역인 관악구 신
림동(녹두거리), 행운동, 봉천동
(낙성대, 샤로수길) 등에 위치한
맛집만을 소개한다. '대학생들
의 맛집 데이터'라는 콘셉트로
콘텐츠를 제공하기에 해당 동네
를 처음 방문한 사람들의 식당
선택 고민을 덜어준다.

서울대학교 주변 지역의 맛집 리스트를 업로
드하는 인스타그램 계정 스누푸파.

✖ 식츄에이션: 상황별 정답식사 즐기기

다음 퀴즈를 보고 좌우를 연결해 정답을 맞혀보자. 왼쪽엔 다양한 취식 상황이 공간별, 지역별로 나열돼 있고, 오른쪽에는 다양한 음식이 나열돼 있다. 퀴즈를 풀고 나면 다소 신기하단 생각이 들 것이다. 학교에서 배운 것도 아니고 누군가 알려준 것도 아닌데, 한국인이라면 별 어려움 없이 상황별 먹거리를 짝지을 수 있기 때문이다.

| 상황별 먹거리 짝짓기 퀴즈

QUIZ 여기에선 이걸 먹어야지!			
공간별	목욕탕에서 찜질방에서 당구장에서 야구장에서 놀이동산에서	· · · · ·	· · · · ·	짜장면 바나나 우유 삶은 계란 치킨, 맥주 솜사탕, 추로스
지역별	강릉에서 부산에서 제주에서 스위스(융프라우)에서	· · · ·	· · · ·	컵라면 돔베고기 순두부 밀면

퀴즈에서 언급된 순서대로 공간별 정답식사를 나열해보면 다음과 같다. 목욕탕에서는 뚱뚱한 바나나 우유, 찜질방에서는 맥반석 삶은 계란, 당구장에서는 짜장면, 야구장에서는 치킨과 맥주, 놀이동산에서는 솜사탕과 추로스를 먹는다. 마치 레몬을 보면 침이 고이는 것과 같이 지난 경험으로부터 학습된 '조건 반사적 선택'을 하게 되는 것이다. 지역별 정답식사도

마찬가지다. 강릉에서는 순두부, 부산에서는 밀면, 제주에서는 돔베고기, 스위스 융프라우에서는 왠지 매콤한 컵라면이 먹고 싶어진다.

산의 정상에 오르면 왠지 매콤한 컵라면이 당긴다. 눈 덮인 융프라우 정상에서 먹는 컵라면의 맛은 어떨까?

2개의 선택지 중에서 선호하는 것을 선택하는 게임인 '이상형 월드컵' 전문 웹사이트 '피쿠'에는 '상황과 분위기에 따라 최고로 맛있는 음식'을 선택하는 게임도 있다. '쌀쌀한 날에 길거리에 서서 먹는 떡볶이 vs. 무더운 여름날 땀 살짝 흘리면서 먹는 냉면'과 같은 선택지에서 알 수 있듯이 단순히 내가 좋아하는 음식을 선택하는 것이 아니다. 추울 때 길거리 포장마차에서의 식사가 매력적인지, 더울 때 시원한 식당에서의 식사가 끌리는지, 상황과 음식을 동시에 떠올리며 선택해야 하는 것이다.

속칭 '먹잘알'이라고 불리는 '먹는 것에 진심인 사람'들은 단지 맛있는 것을 먹고자 하는 것이 아니라, 각종 상황별로 반드시 먹어야 하는 최적의 '식츄에이션食+situation' 메뉴를 정답처럼 즐기고자 한다. 오뎅 바를 가기 위해 첫눈이 내리기를 기다리고, 시험 기간에는 매운 음식을 먹으면서 스트레스를 푼다. 평소에는 파전을 찾지 않지만, 비가 오면 '파전에 막걸리 한잔'이 간절해진다. 물론 이런 정답은 특정한 전문가 한 명이 만든 것이 아니다. 마치 한국인의 DNA에 새겨진 것처럼 오랜 기간 식문화 속에 녹아들며 서서히 만들어진 공식이다. 이처럼 사람들 사이에서 무언으로 합의된 정답은 친구 혹은 가족과 이견 없이 다 함께 즐길 수 있기 때문에 메뉴 선택의 효율성을 높인다. 단지 메뉴를 결정하는 시간만 단축시키는 것이 아니라, 특정 상황에서 해당 음식을 즐기고 나면 만족감도 높아지고 심지어는 행복하다는 느낌마저 든다.

그렇다면 실제로 사람들은 상황별 정답식사를 얼마나 즐기고 있을까? 예컨대 '한강에서 피크닉을 즐기며 먹는 치킨', '겨울 바다를 감상하면서 먹는 모둠회'는 상황과 음식이 서로 잘 연상되는 사례다. 과연 사람들의 선택도 같았을까? 배달의민족의 빅데이터를 분석해보면, 한강에서는 치킨, 바다에서는 회를 주문하는 고객이 가장 많은 것으로 나타났다. 여의도 한강 공원에서 주문된 메뉴 중 절반 이상인 50.7%가 치킨이었고, 부산 광안리에서는 회 정식, 모둠회, 회덮밥 등

회 메뉴가 전체 주문 중 22.7%로 가장 많았다.

상황별 정답식사를 잘 활용해 외식업에 적용한 식당도 있다. 바로 해외여행과 그곳에서의 먹거리를 짝지어 선보이는 것이다. 서울 광진구에서 홍콩식 수제 디저트를 판매하는 '해피니스디저트'는 홍콩의 가게를 그대로 옮겨놓은 듯한 메뉴 구성으로 외국에 온 것 같은 분위기를 선사한다. 타로볼이 들어있는 녹은 빙수 '위위안芋圓', 노른자 맛 케이크 '로우쏭 딴황수肉松蛋黄酥', 우유 푸딩 '쐉피나이双皮奶' 등 원어로 적힌 메뉴 이름만으로도 홍콩에 있는 것 같은 감성을 자아낸다. 세계 2위 커피 생산국 베트남만의 카페 문화를 느낄 수 있는 서울 종로구의 '어다우'도 인기다. 베트남의 드립 커피 기구인 핀Fin을 이용해 내린 연유 드립 커피 '카페 쓰어 다Cà Phê Sữa Dà'는 만드는 데 최대 30분이 걸림에도 불구하고 손님들의 주문이 많은 편이다. 시간이 많이 소요돼도 즉석에서 만든 연유 커피 '박시우Bạc xiu'보다 그 풍미가 깊기 때문이다. 여기에 라이스페이퍼를 가늘게 조각내고 땅콩, 튀긴 양파, 그린망고, 새우 소금, 매운 육포 등으로 양념한 베트남 디저트 '반짱쫀Bánh Tráng Trộn'까지 먹으면 여행지에서의 '그' 맛을 다시금 느끼며 지난 여행을 추억할 수도 있다.

사람들이 처한 특별한 상황별로도 정답식사가 존재한다. 예컨대 다이어터를 위한 정답식사도 있을 수 있다. 미국 정통 스타일의 수제 버거 전문점인 '버거앤프라이즈'는 탄수화물의 섭취를 기피하는 소비자들을 위해 버거 번(빵)을 빼고 양상추로 감싼 270kcal의 '다이어트 버거'를 출시했다. 맛있는 음식은 즐기고 싶지만 칼로리를 포기할 수 없는 사람들에게는 '다이어트 메뉴'의 존재 자체가 하나의 정답이 된다.

주머니 사정이 넉넉지 않은 학생들에게는 무엇이 정답식사일까? 이들에게는 가격은 저렴한데 품질은 괜찮은 가성비 높은 한 끼가 정답이 된다. 고물가 기조로 '런치플레이션(점심+인플레이션)'이 심화

베트남 현지식 디저트를 즐길 수 있는 카페 어다우. 해외여행의 추억과 그곳의 음식을 짝지어 만족감을 선사한다. 실제로 현지인도 많이 찾아, 가게를 방문하면 외국에 와있는 듯한 기분마저 든다.

되면서 제대로 된 끼니를 챙겨 먹기 힘든 고시생들은 싸게, 빨리, 많이 먹을 수 있는 효율적인 정답식사를 필요로 한다. 서울 관악구 신림동의 '매일식당'은 이러한 학생들의 주머니 사정을 고려한 한식 뷔페형 식당이다. 다양한 메뉴를 한 끼 6,500원의 저렴한 가격에 제공하는 이곳은 네이버 방문자 리뷰 중 '가성비가 좋아요'라는 항목에서 높은 점수를 받고 있다.

정답이 굳어지면 그 정답이 해당 시장의 대표 선수로 자리 잡기도 한다. 라면과 같은 완제품 식품 시장에는 이미 좋은 선례가 있다. 가령 해외여행을 떠날 때 캐리어에 '컵라면'을 챙겨가는 것은 한국인에게는 오랜 경험에서 나온 하나의 정답이다. 2022년 배민외식업광장이 발표한 자료에 따르면, 실제로 인터넷에서 컵라면의 상황별 연관단어 중 가장 많이 검색된 키워드는 '여행'이었다('컵라면' 연관어 추출 데이터는 썸트렌드some.co.kr 참고). 해외여행 중에도 쉽고 간편하게 즐길 수 있는 한국인의 맛을 컵라면으로 정한 것이다. 컵라면보다 더 구체적인 '브랜드'가 정답으로 이어지는 경우도 있다. '등산' 하면 '육개장 사발면'을 떠올리는 것처럼 말이다. 물론 왜 그런지에 대해서는 다양한 의견이 제시되고 있지만, 한 가지 확실한 것은 이미 많은 사람들이 이를 '국룰國+rule(정식으로 규정된 것은 아니지만 일반적으로 통용되는 규칙)'처럼 받아들인다는 사실이다. 실제로 서울대 소비트렌드분석센터와 농심이 2021년에 시행한 이미지 빅데이터 분석 결과에 따르면, 사람들이 SNS에 올린 라면 사진 중 야외 활동을 배경으로 한 사진에서는 육개장 사발면이 가장 자주 등장하고 있다.[2]

| 컵라면의 상황별 검색 비중

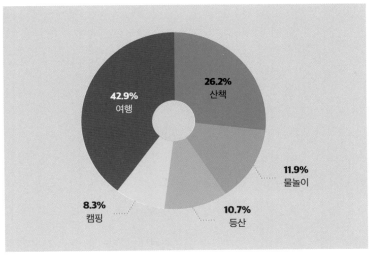

출처: 배민외식업광장ceo.baemin.com

✖ 다양성 속에서도 정답은 반드시 존재해야 한다

개인의 취향이 가장 중요한 식사에서 사람들이 동의하는 무언의 '정답'이 필요한 이유는 무엇일까? 바로 소비자가 참고할 수 있는 정보와 선택지가 너무나 많기 때문이다. 미국 벤처 투자자이자 작가인 패트릭 맥기니스Patrick J. McGinnis는 더 나은 선택에 대한 불안을 '포보FOBO, Fear Of Better Options 증후군'이라 칭했다.[3] 이는 무언가 더 나은 대안Better Options이 나올지도 모른다는 생각 때문에 결정을 내리지 못하는 현상을 뜻한다. 우리가 넷플릭스에서 영화를 고를 때, 계속 예고편만 돌려보며 결국 무슨 영화를 볼지 결정하지 못하고 망설이는 것이 대표적인 예다.

외식에서도 포보는 작용한다. SNS 사용이 활발해지면서 맛집 정보가 쏟아져 나오기 시작했고, 개인이 처리해야 하는 정보의 양이 급증했다. 지나치게 풍요로워진 선택지 앞에서 사람들은 오히려 빠르게 결정하지 못하고 선택 피로감을 느끼는 상황에 이르렀다. 신뢰할 만한 전문가들이 제안하는 정답식사가 더욱 필요해진 것이다.

의사 결정을 단순화하고 싶은 사람들의 욕망이 상황별 정답식사를 굳건하게 하기도 한다. 의사 결정은 의외로 습관적인 경우가 많은데, 이를 행동 경제학에서는 '휴리스틱heuristic에 기반한 의사 결정'이라 부른다. 만족스러운 한 끼 식사를 위해 개인의 취향이나 음식의 값, 식당의 위치 등을 분석해 복합적으로 의사 결정을 내릴 것 같지만, 의외로 사람들은 복잡한 과정을 거치기보다는 습관적이고 관행적인 방식에 따라 메뉴를 선택하며 행복감을 느낀다는 것이다. 날씨가 더워 왠지 냉면이 당길 때 냉면을 먹고, 비가 와 파전이 먹고 싶을 때 마침 파전을 먹게 된다면 그 자체가 바로 작지만 확실한 행복인 셈이다.

한가한 시간에 식당에 들어가 "어디 앉을까요?" 하고 물어보면, 대개는 "아무 데나 편한 데 앉으세요"라는 대답이 돌아온다. 주문을 하기 위해 "여기는 뭐가 맛있어요?" 물어보면, "우리 집은 다 잘해요" 하고 자랑스럽게 대답한다. 하지만 무작정 고객에게 선택권을 부여하는 것이 최선이 아닐 때가 많다. "더위를 많이 타시면, 저쪽이 제일 시원한 자리입니다"라든지, "저희 집 손님들은 이 메뉴를 제일 많이 시켜요"가 오히려 결정을 어려워하는 고객들에게는 하나의 배려일 수 있다.

식당을 운영하는 입장에서 꼭 기억해야 할 것은 "나는 고객에게 어떤 정답을 제공할 수 있는가?"라는 질문을 스스로에게 끊임없이 해야 한다는 사실이다. 정답식사라고 해서 복잡하게 생각할 필요는 전혀 없다. 패션업계에서 사용하는 용어 중에 '티피오TPO, Time·Place·Occasion'라는 표현이 있다. 옷을 입을 때 시간, 장소, 상황에 따라 잘 착용하는 것이 중요하다는 의미로, 패션의 세분화 전략을 강조하기 위해 탄생한 단어다. 식당도 마찬가지다. 소비자가 어떤 티피오에서 우리 식당을 찾는지, 우리 가게의 어떤 메뉴가 어떤 상황에서 소비자의 사랑을 받고 있는지를 고객 관점에서 고민한다면, 좀 더 쉽게 정답에 닿을 수 있을 것이다.

정해진定答 정답正答에는 힘이 있다. 이미 검증된 절차로부터 정해진 답에 대해서는 이견이 존재하기 힘들고, 다수가 동의한 옳은 답에는 반대가 어렵다. 식사에서도 정답은 동일한 역할을 담당한다. 이제부터라도 메뉴 선택을 힘들어하는 고객들에게 가게가 먼저 정답식사를 제안해보면 어떨까? 물론 그 전에 다음 질문에 먼저 답해야 할 것이다. 지금 당신에겐 어떤 정답이 준비돼 있는가?

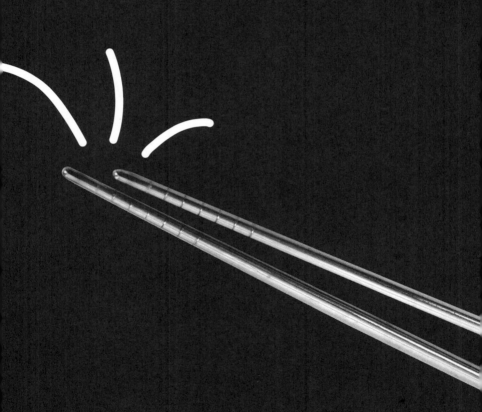

4

식부심

"아니요, 그건 빼주세요."

뭘 빼달라는 걸까? 고수? 오이? 고추? 흥미롭게도 이것은 책 제목이다. 22명의 작가가 모여서 본인이 '싫어하는 음식'에 대한 이야기를 엮었다. 김겨울 작가는 '단맛'을 싫어한다. 시든지 감칠맛이 나든지 맵든지 해야지, 단맛으로 배를 채우면 칼로리가 아깝단다. 고수리 작가는 '민트초코 맛'이 싫다고 고백한다. 휘파람처럼 옅고 투명한 민트 맛에는 묵직한 초코가 어울리지 않는다고 주장한다.[1] 치킨이 싫다는 작가도 있고, 파인애플이 들어간 하와이안 피자가 싫다는 작가도 있다. 저마다 싫어하는 맛을 이야기하는데 묘하게 빠져든다. 한 칼럼니스트는 "취향 존중의 시대에 맞는 책"이라 평가하기도 했다.[2]

좋아하는 음식과 싫어하는 음식으로 자기소개가 가능한 시대가 왔다. 음식에 관한 지식과 개성 있는 식습관이 곧 '나'를 표현한다. 예전에는 남들과 다른 음식 취향을 가진 내가 부끄러웠다면, 요즘은 나만의 개성이 담긴 음식 취향이 자랑스럽기까지 하다. 내가 먹는 음식으로 곧 내가 누구인지를 정의하는 것이다. 《대한민국 외식업 트렌드》에서는 음식에 대한 나만의 선호 · 취향 · 지식을 당당히 표현하며 자랑스러워하는 요즘 소비자의 경향을 일컬어 **'식食부심'** 트렌드라 명명한다. 요즘 사람들은 흔히 무언가에 자신이 있을 때 'ㅇ부심'이라는 표현을 즐겨 사용한다. 예컨대 주량이 세서 음주에 자신이 있다면 '술부심'이라 표현하는 식이다. 식부심은 먹는 것을 통해 자기 존재를 표현하고 자신감을 성취하려는 트렌드를 뜻한다. 먹는 것에서도 '개성'과 '취향'이 중요해지면서, 자신의 식생활을 드러내고 타인과 공유하는 경향이 점점 강해지는 중이다.

그렇다면 사람들은 어떤 상황에서 식부심을 느낄까? 먼저, 식습관으로 남들에게 나의 정체성을 나타낼 수 있는 경우다. 음식을 먹는 양, 특정 메뉴에 대한 선호, 음식에 담고자 하는 신념 등 식사의 모든 요소가 나를 정의하는 요소가 된다. 이렇듯 소비자는 본인의 '식체성(음식에 담긴 정체성)'을 기반으로 소속감을 느끼기도 하고 타인과 자신을 차별화하기도 한다.

새로운 식재료와 낯선 식사 문화에 대한 지식으로 나를 돋보이게 만들 수 있는 상황에서도 식부심은 높아진다. 음식에 관한 지식이 과시의 원천이 되는 것이다. 먹을 줄 '아는' 소비자가 되기 위해서는 맛집 정보뿐 아니라 대부분의 사람이 잘 모르는 낯선 식재료에 얽힌 지식, 이국적인 메뉴의 이름, 나아가 음식을 제대로 즐기는 방법까지 꿰뚫고 있어야 한다. 지금부터 음식을 통해 마음껏 자부심을 뽐내는 요즘 소비자들을 만나보자.

✖ 식습관으로 나를 표현하기

MBTI로 대표되는 성격 유형 테스트의 인기가 꾸준하다. 처음 보는 사람에게 나의 MBTI를 말해주며 소개를 시작하기 일쑤다. 각종 SNS에서는 'MBTI로 보는 직장인 유형'이나 'MBTI 유형별 배우자 궁합' 등 다양한 콘텐츠가 지속적으로 등장한다. 사람들이 이런 성격 유형 테스트에 열광하는 이유는 무엇일까? 바로 내가 어떤 사람인지를 이해하고 또 설명하고 싶기 때문이다. 내가 누구인지를 표현하는 방식이 최근에는 성격뿐 아니라 음식을 즐기는 식습관으로까지 확대되고 있다. '내향(I)-외향(E)', '감각(S)-직관(N)', '사고(T)-감정(F)', '판단(J)-인식(P)'처럼 성격을 분류하던 축이 이제는 '대식가-소식가', '민초단-반민초단', '맵치광이-맵찔이' 등의 식습관 축으로 확장된 것이다. 이렇듯 식부심 트렌드의 첫 번째 특징은 내가 먹는 음식이 곧 나를 설명하는 정체성 표현의 수단이 된다는 점이다.

수년째 유행 중인 '대식좌(많이 먹는 사람)'들의 먹방('먹는 방송'의

줄임말. 음식을 먹는 것이 콘텐츠의 중심 소재가 된다) 속에서, 최근에는 음식을 적게 먹는 '소식좌'들의 활약도 눈에 띈다. 박소현, 산다라 박, 코드 쿤스트와 같은 음식을 조금 먹기로 유명한 연예인들이 그동안 대식좌들 사이에 눌려 조용히 지내야 했던 소식좌들의 목소리를 대변한다. 음식을 많이 먹는 것도 자랑거리가 될 수 있겠지만, 반대로 적게 먹는 것도 얼마든지 나의 정체성이 될 수 있다. 이런 변화를 반영하듯 최근에는 '0.5인분'을 전문으로 판매하는 식당도 등장했다. 경기도 시흥에 위치한 중식당 '쩜오각'은 모든 메뉴를 0.5인분으로 판매한다. 물론 가격도 절반이다. 서울 용산구에 본점을 둔 떡볶이집 '현선이네'도 떡볶이는 물론 순대까지 0.5인분 주문이 가능한 가게로 입소문을 탔다.[3] 소식좌를 위한 가게들이 두각을 드러내자 각종 온라인 커뮤니티에서는 '그동안 한 그릇을 다 먹기 부담스러웠는데 정말 반갑다'며 본인의 식습관을 공개하는 사람들의 호응이 이어졌다.

'매운맛을 얼마나 잘 먹는지'도 나를 표현하는 하나의 방식이 된다. 매운맛에 열광하는 사람들은 본인을 '맵치광이(매운맛+미치광이. 매운 음식을 무척 좋아하면서 즐기는 사람을 뜻하는 신조어)'라 부르기도 하고, 종종 '맵부심 부린다'는 말을 듣기도 한다. 이는 매운 음식에 대한 자부심으로 잘난 척을 한다는 의미다. 반대로 매운 음식을 잘 먹지 못하는 사람들은 스스로를 장난스레 비하하며 '맵찔이(매운맛+찌질이. 매운맛에 약한 사람을 뜻하는 신조어)'라 칭하곤 한다. 이처럼 매운 음식에 대한 선호도만으로 내가 어떤 사람인지를 나타낼 수 있는 말들이 무궁무진하게 생성되고 있다. 최근에는 매운맛의 단계를 세분화해 더 강한 맵기를 찾는 추세까지 생겼다. 청양고추에 고추장을 찍어 먹거나 매운 짬뽕에 베트남 고추를 더하는 등, 얼마나 강한 매운맛에 도전할 수 있는지를 측정하는 '맵부심 챌린지'도 인기다. 이런 변화에 맞춰 식당도 발 빠르게 대응하는 중이다. 배달의민족 앱에서는 맵부심을 반영한 가게의 수가 두드러지게 증가하고 있다. 2019년과 비교했을 때 2021년에는 5배 가까이 늘어난 모습이다. 대개 순한 맛, 보통 맛, 매운맛으로 표현하기 마련인 맛의 3단계를 최대 7단계까지 늘려 세분화한 식당도 있다. 일부 가게는 매운맛의 강도를 '습(약간 매운맛)', '스읍(매운맛)', '스으으읍하……(아주 매운맛)'로 위트있게 표현해 소비자에게 즐거움을 선사하기도 한다.

| 배달의민족 앱 내 매운맛 옵션 메뉴를 추가한 가게 현황

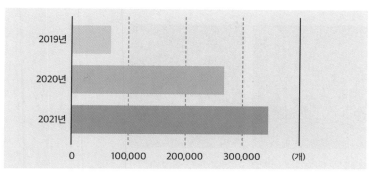

출처: 배민외식업광장 ceo.baemin.com

식습관으로 나를 나타내는 더 쉬운 방법은 특정 식재료에 대한 호감과 비호감을 표현하는 것이다. 이런 움직임이 시작된 계기는 '민트초코 맛'에 관한 호불호 논쟁이었다. 민트초코를 좋아하는 '민초단'과 싫어하는 '반민초단'이 격렬하게 대립한 것인데, 사람들은 저마다 '나는 민초단', '나는 반민초단'을 선언하며 자신의 식체성을 드러냈다. 최근에는 이와 같은 호불호 표현이 낯설고 이색적인 식재료를 대상으로까지 확대되고 있다. 대표적인 사례가 '고수'와 '트러플'이다. 원래 이 둘은 한국인들이 즐겨 먹는 식재료가 아니었기에 처음 접하는 사람들은 낯선 향과 식감에 당황하는 경우가 많았다. 물론 여전히 '고수는 비누 맛'이라며 좋아하지 않는 사람들이 다수 존재한다. 그러나 이제는 그에 맞서 고수를 좋아한다고 말하는 사람들을 자주 접할 수 있다. 그들은 오히려 고수를 좋아하지 않는 사람들에게 '네가 아직 맛을 모른다'며 가르치려 드는 '맛꼰대(맛+꼰대. 음식에 대한 자부심이

호불호가 강한 대표적인 식재료, 고수(왼쪽)와 트러플(오른쪽).

있어서 자신의 기호나 취향을 타인에게 권하거나 심한 경우 강요하기도 하는 사람을 일컫는 신조어)'로 변신하기도 한다. 고급 식재료인 트러플도 마찬가지다. 트러플 맛을 좋아하지 않는 사람들은 '왜 비싼 돈을 내고 이 맛을 추구하는지 모르겠다'고 푸념하고, 반대로 좋아하는 사람들은 '비싼 트러플의 가치를 모른다'며 핀잔을 주기 일쑤다.

재미있는 점은 이 논쟁 속에서 새로운 커뮤니티가 형성된다는 것이다. 민트초코든, 고수든, 트러플이든, 유사한 기호를 가진 사람들은 한데 뭉쳐 서로를 지지하거나 때때로 반대 세력과 장난스러운 호불호 싸움을 벌인다. 가령 고수 특유의 맛을 좋아하는 사람들은 '고수를 사랑하는 모임'을 만들고, 그 안에서 유대감을 나누며 교류한다. 성별과 나이와 직업이 모두 다른 사람들이 오직 '고수를 좋아한다'는 사실만으로 하나가 된다. 특이한 식재료의 인기는 배달의민족 앱 리뷰 키워드 언급량에서도 확인할 수 있다. 배달의민족의 분석에 따르면 대표적인 특이 식재료인 고수, 트러플, 민트의 언급량은 2019년부터 2021년까지 각각 3배, 8배, 4배로 급격하게 증가했다. 특히 독특한 식재료에 자부심을 느끼는 소비자들은 고객 리뷰란에 자신의 식습관을 상세히 설명하며 본인만의 취향을 어필하며, 같은 취향을 가진 소비자들의 선택에 도움을 주고자 매우 구체적인 후기를 남기기도 한다.

| 배달의민족 앱 리뷰 내 특이 식재료 키워드 언급량

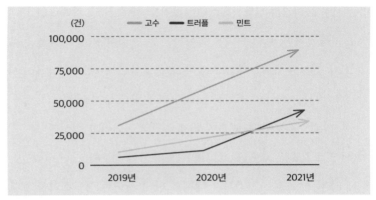

출처: 배민외식업광장ceo.baemin.com

| 특이 식재료에 자부심이 있는 고객 리뷰 사례

고수	똠얌꿍 파스타 진짜…… 꼭 드셔보셔야 해요. 제대로 된 '요리'를 먹었다는 느낌이 드네요. 꼭 고수 추가해서 드세요. 전 모든 태국 음식에 고수를 넣어 먹는 '찐 고수'인데, 똠얌꿍의 새콤달콤하면서도 깊은 맛이 고수랑 함께 먹으니까 더 살아나요!
트러플	트러플 좋아한다? 진짜 무조건 시키세요. 비건 마요라는데 소스가 뭐가 이리 맛있는지……ㅠㅠㅠ 제가 웬만한 트러플 소스는 다 먹어봐서 맛있는 트러플 소스는 감별할 수 있거든요. 여기는 트러플 풍미가 제대로 있어서 정말 찐이에요.
민트	스무드에서 민트 특유의 화~한 맛이 더 강하네요ㅋㅋㅋ 제가 민트에 미친 민친놈(?)이거든요ㅋㅋㅋㅋ 민트 없이 정말 못살아!!!! 무조건 민트 맛만 골라서 먹고 있는데, 덕분에 오늘 제대로 민트랑 함께했네용ㅋㅋㅋㅋ

출처: 배민외식업광장ceo.baemin.com

'채식'처럼 음식으로 사회적 신념을 표현하는 사람들도 등장했다. 서울 마포구 망원동에는 채식주의자라면 한 번쯤 방문해보고 싶은 비건vegan 비스트로 '다켄씨엘'이

일부 소비자만이 실천하던 채식 문화가 대중적으로 확산하고 있다. 일반식과 견주었을 때도 부족함이 없는 채식 메뉴도 많아졌다.

있다. 식당의 메뉴판을 처음 마주하면 고개를 갸웃하게 된다. 크림 리소토부터 라구, 핫 칠리 바비큐와 타코까지, 겉으로 보기에는 채식이 맞는지 의문이 드는 메뉴들이 즐비하기 때문이다. 그러나 금세 동물성 크림이 아닌 캐슈cashew 크림을, 육고기가 아닌 콩고기를 사용한 음식임을 눈치챌 수 있다.

최근에는 일반식과 견주었을 때도 부족함이 없는 메뉴를 제공하는 채식 식당이 많아졌다. 이제는 채식을 위한 대체 식품까지 일상적인 영역으로 편입됐다 해도 무방할 정도다. 이러한 변화는 비건이 아닌 사람들도 채식 식당에 호감을 느끼게끔 만든다. 단순히 식당의 기능을 넘어, 아직 채식을 시도해보지 못한 이들에게도 환경 보호와 동물 보호에 일조했다는 뿌듯함을 선사하는 공간이 된 것이다. 채식에 관한 추세는 배달의민족 앱에서도 확인할 수 있다. 2019년과 비교했을 때 2021년의 채식 메뉴 주문 수는 4배 가까이 상승했다. 일부

소비자만이 실천하던 채식 문화가 이제는 사회 전반으로 퍼져나가는 중이다.

| 배달의민족 앱 내 채식 메뉴 주문 수

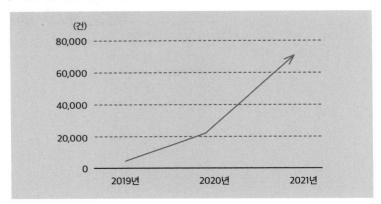

출처: 배민외식업광장^{ceo.baemin.com}

✖ 음식으로 지식 뽐내기

식부심 트렌드의 두 번째 특징은 바로 '음식에 대한 지식이 새로운 과시의 소재'가 되는 현상이다. 보통 과시는 남들의 부러움을 사는 것, 희소한 것, 남들에게 없는 것을 원천으로 한다. 현대 사회에서는 주로 사치품이 그 역할을 맡는다. 비싼 가방과 시계, 자동차 등이 과시가 낳은 소비재의 대표주자다. 그런데 이제 이런 과시의 역할을 '음식'이 담당하기 시작했다. '음식으로 과시하기'의 재미있는 특징은 단순히 '높은 가격'만이 중요한 포인트로 작용하지는 않는다는 점이다. 오히려 중심이 되는 것은 희소성 있는 식문화에 대한 식견이다. "너 이런 거 알아? 들어봤어? 경험해봤어?"와 같은 물음이 나를 돋보이게 하는 과시의 원천이 된다.

식문화에 대한 지식은 '식재료'를 탐구하는 것에서부터 시작된다. 단일 식재료만을 전문적으로 취급하는 식료품점을 '원 푸드 그로서리one food grocery'라 부르는데, 식재료에 대한 지식과 경험을 동시에 쌓을 수 있다는 점에서 최근 많은 인기를 얻고 있다. 시중에서 구매가 어려운 생소한 식재료를 판매하는 곳인 만큼 식재료에 대한 자세한 설명과 개성 있는 큐레이션은 필수다. 각종 식재료의 맛과 식감, 사용법 등의 정보는 물론, 평소 쉽게 접하지 못했던 식재료들의 시시콜콜한 이야기를 들을 수 있다는 점이 매력적이다. 매장 한쪽에 마련된 간이식당은 원 푸드 그로서리를 즐기는 또 다른 방법이다. 본격적인 식사는 아니지만, 매장에서 판매하는 식재료를 요리의 형태로 경험할 수 있다는 것이 일반 식당과의 차별점이다.

'치즈에 진심인 사람'이라면 반드시 방문해야 한다는 서울 용산구의 '치즈 플로'는 원 푸드 그로서리의 대표적인 사례다. 가공 치즈 중심의 한국 시장에서는 드물게 콩테, 골드 벨라비타노, 브리 등의 자연 치즈를 맛볼 수 있는 공간이다. 여기에 치즈 마스터 과정까지 수료한 '치즈 덕후'인 셰프의 설명이 곁들여지면 차원이 다른 미식 경험이 시작된다. 매장 휴무일에는 치즈를 사랑하는 사람들을 위한 무료 모임도 열린다. 신메뉴 시식회, 푸드 클래스 등 다채로운 프로그램으로 구성된 이 모임은 매회 조기 마감될 만큼 큰 인기를 끌고 있다. 치즈 플로 외에도 버터만 파는 '버터팬트리'나 빵에 발라먹는 잼과 스프레드만을 파는 '쎄콩데' 등 다양한 식재료의 원 푸드 그로서리가 생겨나는 중이다.[4]

식재료에 대한 지식을 미리 습득해야만 즐길 수 있는 메뉴들도 부

cheese room

음식에 대한 관심은 단순히 먹고 즐기는 것을 넘어, 그 식재료에 대한 탐구로까지 이어지고 있다. 정성껏 만든 수제 치즈와 이를 이용한 창의적인 요리를 선보이는 치즈 전문 레스토랑 치즈 플로에는 치즈에 진심인 사람들의 발길이 끊이지 않는다.

상하고 있다. 요즘 음식 좀 아는 사람들은 그냥 '샌드위치' 대신 '잠봉 뵈르'를 즐긴다. 잠봉뵈르는 바게트를 반으로 자른 뒤 잠봉jambon(프랑스식 얇게 저민 햄)과 뵈르beurre(버터)를 채워 넣은 프랑스의 국민 샌드위치를 말한다. 잠봉은 기름기가 적은 돼지 뒷다릿살을 통째로 삶아 만든 프랑스 전통 햄인데, 수제 육가공품인 샤퀴테리charcuterie 의 일종이다. 그렇다면 샤퀴테리는 또 무엇인가? 샤퀴테리는 고기 와 고기의 부속물 등으로 만든 육가공품을 총칭하는 프랑스어로, 'chair(살코기)'와 'cuit(가공된)'가 합쳐진 말이다. 소금에 절이거나 바 람에 건조하기, 훈연하기, 익히고 찌기 등 유럽 전통 방식으로 가공 된다.[5] 복잡하게 들리지만, 한마디로 줄이면 결국 '햄'이라는 뜻이다. 이런 햄은 국가마다 다양한 이름으로 불린다. 가령 프랑스에는 잠봉 과 리예트rillette, 스페인에서는 하몽jamon, 이탈리아에서는 프로슈 토prosciutto, 살라미salami 등으로 불린다. 요즘 소비자들은 이처럼 복 잡한 이름을 익숙하게 사용하고 그 특징을 구분해내며 식부심을 느 끼는 것이다.

원 푸드에 대한 관심은 티tea 바나 에스프레소 바의 인기로도 이어 진다. 차茶와 커피는 보통 단품으로 소비되기 마련이다. 메인 식사를 하고 나서 디저트로 마시는 것이다. 에스프레소의 경우, 카페에 서서 한 잔을 짧고 가볍게 즐긴 뒤 금세 자리를 뜨는 음료다. 그런데 이런 바 형태의 가게에서는 차와 커피를 한 번에 여러 잔씩 쌓아두고 마시며 각 잔의 차이를 논평하는 경험을 제공한다. 음료를 마시는 과정을 마치 코스 요리처럼 변형해 스타터부터 피니시까지 구색을 갖춰 구성한다. 사라져가는 한국의 전통차를 알리고 싶다는 신념을 담아낸 서울 성동구 성수동의 '오므오트'에서는 시그니처 메뉴인 '티 세레모니'를 경험할 수 있다. 4종의 차와 다식으로 구성된 코스를 '세레모니'라는 단어로 명명할 만큼 해당 코스는 소비자에게 새로운 미식 경험을 제안한다. 두 명의 티 소믈리에는 마치 박물관의 도슨트처럼 각각의 차가 가진 역사부터 차와 관련된 한국의 문화, 그리고 차를 마시는 방법과 사용된 다기의 정보까지 다채롭게 풀어 설명해준다.

식재료를 연구하는 자세를 전면에 내세운 사례도 있다. 제주 한경면의 허허벌판에 덩그러니 위치한 카페 '산노루'는 얼핏 보면 연구소나 공장으로 착각할 만한 외관을 가졌다. 녹차 전문 랩ab을 표방하는 카페답게 들어서는 순간 현미경, 비커, 삼각 플라스크와 같은 실험 기구가 보인다. 고객은 현미경을 통해 녹차 입자를 관찰할 수 있으며, 삼각 플라스크에 담긴 다양한 차종을 시향할 수 있다. 여기서 다가 아니다. 산노루의 진짜 매력은 그럴싸한 연구실 공간처럼 인테리어를 꾸미는 데 그치지 않았다는 점이다. 성과를 낸 연구 결과들은 고스란히 고객에게 제공된다. 햇빛을 막는 차광막을 씌워서 재배한 '옥로차', 녹차와 홍차의 중간 정도로 발효한 '청차', 나무 상자 속 습도와 온도를 통제해 발효한 '황차'를 포함한 12종의 녹차는 오직 산노루에

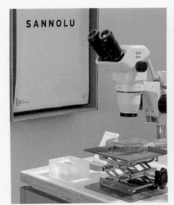

실험 기구를 마주할 수 있는 산노루 매장.
연구소가 연상되는 분위기다.

서만 맛볼 수 있다. 산노루의 연구는 차종 개발에만 머무르지 않는다. 차나무에서 생산된 잎을 하나라도 남기지 않고 활용하겠다는 목표하에, 음용 목적으로 사용하지 못하는 찻잎들은 제빵용 말차나 화장품으로 제조된다. 녹차의 퀄리티는 물론 생산 과정에서 마주하는 아쉬움까지 해결하고자 노력하는 산노루의 연구 자세는 해당 장소를 방문한 소비자에게 녹차 브랜드로서의 진정성과 전문성을 전달하기에 모자람이 없다.

김치 하나만을 테마로 한 김치 다이닝 공간도 있다. 서울 종로구 안국동의 새로운 핫플레이스로 떠오르고 있는 '온6.5'는 김치가 가장 맛있게 익는 온도인 6.5℃를 식당 이름으로 내세워 김치에 대한 진심

제철 채소를 이용한 형형색색의 김치부터 이색적인 형태의 김치 요리를 제공하는 한식 와인 바 온6.5. 잘 안다고 생각했던 김치의 여러 가지 모습을 발견하는 재미가 새롭다.

을 어필하는 한식 타파스tapas(에스파냐의 전체 요리) 와인 바다. 모든 메뉴에는 김치가 사용되며, 그 종류 역시 다양하다. 일반적인 배추김치는 물론 요리법에 변화를 줘 간장에 절인 장김치, 된장에 절인 된장 김치까지 맛볼 수 있다. 익숙한 채소 대신 새로운 식재료인 바질과 파프리카, 비트, 아스파라거스 등을 이용한 김치 또한 제공된다. 특히 한국의 식재료인 김치를 서양의 조리법으로 재해석한 메뉴들은 소비자에게 익숙함과 신선함이 공존하는 새로운 미각 경험을 선사한다. 김치의 다양한 가능성을 강조한 온6.5에서의 식사는 하나의 음식을 깊이 탐구하는 새로운 방식으로 기능할 것이다.

음식에 대한 탁월한 식견은 식재료를 넘어 이국적 메뉴 소개로까지 확대된다. 새로운 음식을 찾는 소비자들은 피자나 파스타 같은 음식을 식상하고 따분하게 여긴다. 이들의 관심은 모로코나 쿠바, 인도 등 우리에게 조금은 생소한 나라의 음식으로 확장되는 중이다. 예컨대 MBC의 예능 프로그램 〈나 혼자 산다〉에 등장한 '잘레비jalebi'는 인도의 MZ세대를 중심으로 유행하는 디저트다. 밀가루 반죽에 사프란saffron과 기ghee, 설탕을 넣은 후 깔때기나 튜브에 담아 소용돌이 모양으로 튀겨내는 간식이다. 이 디저트가 방송에서 소개되자마자 각종 인터넷 커뮤니티에는 '인도에서 잘레비 먹은 경험', '잘레비 만드는 방법', '잘레비의 유래', '잘레비 재료 활용법', '그릇별로 잘레비 예쁘게 플레이팅하는 방법' 등의 게시 글이 쏟아졌다. 요즘 소비자들은 낯선 음식을 먹어본 경험을 공유하는 것만으로도 즐거움과 뿌듯함을 느끼곤 한다.

식당 사장님들도 이런 변화에 발 빠르게 대응하고 있다. 가령 배달 앱을 통해 타코야키를 전문으로 하는 가게를 소개할 때 '오사카 본고장의 원조 레시피를 가진 곳'이라는 설명을 더한다거나, 독일식 족발 요리인 '슈바인학센'처럼 일부 소비자에게 낯선 메뉴에 대해서는 해당 음식의 유래와 발전 과정 등을 소개하는 문구를 덧붙이는 식이다. '더 맛있게 먹는 방법'을 상세히 제안하기도 한다. 이미 해당 음식을 접해본 경험이 있는 소비자에게는 반가움과 만족감을, 새로운 메뉴를 시도해보려는 소비자에게는 흥미를 선사하는 전략이다.

인도 디저트 잘레비. 방송에 소개되자마자 많은 커뮤니티에서 화제가 됐다.

메뉴 유래 강조	#이것이야말로 오사카 본고장에서 먹는 원조 맛이다!! 타코야키는 오사카 방식 레시피를 고수하고 있습니다. #산마가루로 반죽을 한 건강한 타코야키입니다. 오사카식 타코야키는 산마가루로 속이 촉촉하답니다. 풍부한 식이섬유를 맛볼 수 있어요.
메뉴 유래 소개	슈바인학센은 독일 남동부 뮌헨을 주도로 하는 바이에른주의 전통 음식으로, schwein(돼지) haxe(무릎)을 뜻합니다. 한국 족발과 비슷하지만, 발끝은 사용하지 않고 발목 윗부분만을 사용하여 오븐에서 구워내는 독일식 족발입니다.
먹는 방법 강조	곱창전골 맛있게 먹는 법! 1. 냄비에 곱창과 육수를 넣어준다. 2. 야채들을 넣어 끓인다. 3. 육수가 끓기 시작하면, 당면을 넣는다. 4. 기호에 맞게 고추와 마늘, 들깻가루를 첨가한다. 5. 천천히 약불로 쪼~~~려주세요. 6. 졸인 국물에 볶음밥은 국-룰!

출처: 배민외식업광장ceo.baemin.com

음식에 대한 지식을 뽐내는 일은 '나만 아는 식당'의 영역으로도 확대된다. 맛있는 음식을 찾아내고 선별하는 능력에서 한 걸음 나아가, 나만 아는 특별한 식당을 찾는 것 역시 자부심의 근원이 된다. 간판 없는 가게들이 사랑받는 이유도 여기에 있다. 서울역 15번 출구 뒷골목에는 문패도 번지수도 없이 내부에 "밥, 술, 물은 모두 쎌프여.

내 이름은 순덕이다"라는 종이 한 장만을 붙인 채 안주를 파는 가게가 있다. 이름 없는 이 가게의 주인은 사진을 찍는 손님들에게 "인터넷에 절대로 가게 정보를 올리지 말라"고 엄포를 놓는다.[6] 하지만 그럴수록 사람들은 '어딘지 꼭 찾아서 술 한잔 기울이고 싶다'는 반응을 보인다.

최근 유행하는 '스피크이지 바speakeasy bar'도 유사한 콘셉트다. 스피크이지 바라는 이름은 미국에서 금주법이 시행되던 시대에 몰래 모여 술을 마시던 가게를 칭하는 말에서 유래했다. 불특정 다수에게 공개되지 않기에 아는 사람만 찾아갈 수 있는 은밀한 곳으로, 간판이 없고 출입구가 숨겨진 것이 특징이다. 서울 종로구에 위치한 포시즌스 호텔 서울의 지하에는 표지판도 안내문도 제대로 된 입구마저도 없어, 우연히 입장하는 일이 불가능한 바 '찰스 H'가 있다. 우여곡절 끝에 이곳을 찾아온 사람들은 반신반의하며 창고에 붙어있을 법한 문을 당긴다. 그와 동시에 반전이 시작된다. 얼핏 허름해 보이는 입구를 통과하는 순간, 예상치 못한 고급스러운 분위기의 실내가 눈앞에 펼쳐지고 그 위로는 화려한 조명이 쏟아진다. 찰스 H처럼 매장 방문에 대한 접근 자체를 어렵게 만든 경우, 소비자는 가게를 찾아가는 단순한 행위에서부터 왠지 모를 우월감을 느끼게 되는 것이다.

아는 사람만이 찾아갈 수 있는 바 찰스 H. 허름해 보이는 입구를
통과하는 순간, 예상하지 못한 멋진 공간이 눈앞에 펼쳐진다.

✖ 소비자의 식부심을 자극하라

나의 식습관을 자랑스럽게 여기고, 음식에 관련된 지식과 경험을 뽐내는 식부심 트렌드가 부상한 이유로는 '개인의 취향을 존중하는 사회적 분위기'를 꼽을 수 있다. 다소 천편일률적이었던 식생활과 식문화가 점차 다양해지면서 내가 좋아하는 것과 싫어하는 것을 눈치 보지 않고 솔직히 표현할 수 있게 된 것이다. 마찬가지로 내 취향을 남들에게 강요하지도 않는다. 독특한 취향을 가졌다는 이유로 주눅이 들 일도 없다. SNS 등의 매체를 활용하면 나와 비슷한 취향의 사람들을 얼마든지 찾아낼 수 있기 때문이다.

한국 시장의 수준이 나날이 높아지면서 '새로운 식재료와 식문화에 대한 관심'이 커진 것도 식부심 트렌드의 등장을 앞당겼다. 유학이나 해외여행 등 낯선 문화와 교류할 기회가 커질수록 음식은 새로운 문화가 만나는 접점이 되는 법이다. 물론 코로나19로 최근 2년 동안 해외여행이 제한되긴 했으나, 오히려 집 안에 갇혀 지낸 소비자들이 유튜브 등을 통해 새로운 맛의 식재료와 향신료를 찾아 나서며 식문화의 저변이 넓어지는 결과를 낳았다.

호기심으로 뭉친 소비자들은 늘 새롭고 흥미로운 것을 찾기 바쁘다. 자신이 쌓아온 지식과 취향을 바탕으로 자부심을 느끼길 원하는 소비자를 만족시키기 위해서는 어떤 전략이 필요할까? 무엇보다도 먼저 우리 식당의 타깃을 분명하게 설정해야 한다. '누구에게 장사할 것인가?'의 문제에서 그 '누구'를 고민하는 과정을 '타깃 설정'이라고 하는데, 과거에는 최대한 많은 고객을 유입시키기 위해 타깃을 넓게 잡을수록 좋다고 여겼다. 그러나 무수한 선택지들이 쏟아지는 현대 사회에서 '누구나 좋아할 만한 메뉴'란 곧 '누구도 관심을 주지 않는 메뉴'와 동일한 의미일 뿐이다.

오히려 자신이 붙잡으려는 타깃 고객에 대한 분명한 이해를 거쳐, 해당 고객에게 집중할 필요가 있다. 사람들이 음식에 관한 호불호를 논하거나 남들은 모르는 음식 문화를 뽐내도록 독려하기 위해서는 '모든 사람이 좋아할 만한 전략', '모든 사람이 알 만한 전략'이 아니라, '좋아할 만한 사람만 끌어들이는 전략', '알 만한 사람만 알게 하는 전략'이 더 유리하다. 물론 사업자의 입장에서는 하루빨리 매장의 음식들이 대중에게 알려져 수요가 늘어나길 희망하는 것이 당연하다. 하지만 반드시 기억해야 한다. 엄청난 크기의 얼음을 깨는 일에 필요한 도구는 커다란 망치가 아니다. 작은 바늘 끝이 거대한 얼음을 부수는 법이다. 지금의 소비자들이 자부심을 느끼는 지점은 '대중성'과 '희소성' 사이의 미묘한 틈에 자리해 있다. 소비자들을 사로잡기 위해서는 바로 그 틈새를 바늘 끝처럼 파고들어야 한다.

5

이야기 식당

✖

혼자 사는 회사원 A씨는 가끔 퇴근길에 동네 초밥집에 들러
사 온 도시락으로 저녁을 해결한다. '혼밥'하는 도시락이지만,
더 맛있게 먹기 위해 A씨가 최근 고안한 비법이 하나 있다.
특제 소스를 곁들이거나 시원한 맥주와 함께 즐기는 것이 아
니다. 바로 박찬욱 감독의 영화 〈헤어질 결심〉을 틀어놓고 주
인공 서래와 해준이 초밥을 먹는 장면에서 함께 초밥 도시락
을 먹는 것이다. 영화를 더 재미있게 보기 위해 초밥을 먹는
건지, 초밥을 더 맛있게 먹기 위해 영화를 보는 건지 알 수 없
지만, 영화도, 초밥도, 따로 즐길 때보다 한층 더 만족스럽다.

예전에 비해 먹는 일이 쉬워졌다. 재료부터 사서, 다듬고, 볶고, 끓여

내놓던 음식이 이제 편의점 도시락이나 대형 마트의 가정 간편식, 정기 배송 샐러드로 대체된다. 문을 열고 나가면 맛있는 음식을 판매하는 식당들이 즐비하고, 그것조차 귀찮으면 배달 앱 클릭 한 번으로 집에서 편하게 음식을 받아볼 수 있다. '식생활의 외주화'는 삽시간에 확산돼 이제 우리 일상에서 너무나 당연한 일이 됐다. 재미있는 점은 사람들이 음식을 준비하는 시간이 줄어든 만큼, 음식을 즐기고 음미하는 데 들이는 공은 더 늘어났다는 사실이다. 배달시킨 음식을 먹을 때도 예쁜 접시에 옮겨 담고 고급 커트러리cutlery(나이프, 포크, 숟가락 등 식사 도구)를 꺼내 세팅한다. 필요하다면 음식 맛을 돋워줄 음악과 영화도 튼다.

식당도 바뀌고 있다. 매번은 아니어도 가끔씩 제대로 된 한 끼 식사를 즐기기 위해 정성을 쏟는 사람들이 늘어나고('금쪽같은 내 한 끼'), 음식에 대한 지식이 곧 과시의 원천이 되는('식부심') 오늘날, 식당에서의 '식사'는 더 이상 허기를 채우는 행위만이 아니다. 가스레인지 불 한 번 켜지 않고도 원하는 음식을 마음껏 즐길 수 있는 사람들의 발길을 군이 우리 식당으로 이끌기 위해서는 차별화된 맛만으로는 부족하다. 집에서 쉽게 도전하기 어려운 메뉴를 선보이거나, 집 안에서는 절대 누리기 힘든 진기한 경험을 제공해야 한다. 이런 변화에 따라 사장님들의 고민도 바뀐다. 지금까지는 어떻게 하면 손님들이 식사를 빨리 끝내고 가게를 나가게 할 것인지, 즉 회전율에 대해 고민했다면, 이제는 어떻게 하면 손님들이 우리 가게에 더 오래 머물게 할 수 있을지를 고민하기 시작했다. 새로운 손님을 한 명이라도 더 받기 위한 방법을 고민하던 것이 이제는 한 번 방문한 손님이 더 자주 방문하게 만들려면 어떻게 해야 하는지에 대한 고민으로 바뀌었다.

최근, 단지 맛과 영양이 아니라 '이야기'를 들려주는 것에 집중하는 식당들이 새롭게 등장하고 있다. 《대한민국 외식업 트렌드》에서는 미각적 만족감을 채우는 것을 넘어, 음식을 즐기는 상황을 연출하고, 음식을 예술적으로 표현하며, 감각적 경험으로 손님에게 말을 건네는 식당의 등장을 일컬어 **'이야기 식당'** 트렌드라 명명한다. 이야기로 사람들의 마음을 사로잡는 방식은 이미 여러 산업에서 활용하는 보편화된 전략이다. 신제품을 발표할 때 기능만 줄줄 설명하기보다는 스티브 잡스처럼 이야기하듯 설명하면 더욱 멋지고 소구력 있게 느껴진다. 상품을 판매할 때도 그 상품이 개발되기까지의 이야기가 담기면 좋다. 심지어 공부를 할 때도 스토리텔링 학습법을 적용하면 성과가 높아진다는 속설이 있다. 이처럼 다양한 업종에서 '이야기'를 강조하는 이유는 이야기에는 '사람의 마음을 움직이는 힘'이 있기 때문이다. 이야기는 단순히 정보를 전달하는 것을 넘어, 내용을 쉽게 이해시키고, 기억하게 하며, 몰입과 공감을 끌어낸다.

그렇다면 식당에는 어떤 이야기가 담겨야 할까? '이야기 식당' 트렌드에서는 식당이 이야기를 담는 방식을 크게 세 가지로 나누어 제안한다. 첫째, 책, 영화, 연극, 공연 등 '기성 콘텐츠'가 식사와 결합함으로써 음식을 먹는 행위 자체가 한 편의 드라마가 된다. 둘째, 음식의 시각적 경험을 강조하는 것에서 한 단계 더 진화해, 음식 자체가 개성 있는 '예술 작품'으로 거듭난다. 셋째, 식당이 추구하는 목표를 하나의 '세계관'으로 구성해 소비자를 초대하고, 초대에 응한 소비자는 기꺼이 새로운 세계의 구성원이 돼 호응한다. 식당 사장님과 소비자가 만들어내는 역동적인 무대, '이야기 식당'. 이제 그 속으로 함께 들어가 보자.

✖ 기성 콘텐츠와 식당의 만남

콘텐츠란 '미디어에 담긴 내용물'을 뜻한다. 물론 미디어 형태로 유통되는 모든 것을 콘텐츠라고 하는 것은 아니다. 참신하고 독특한 '아이디어'와 이를 뒷받침해주는 재미있고 감동적인 '스토리'가 있어야 비로소 콘텐츠로 정의된다. 책, 만화, 드라마, 영화, 공연 등을 떠올리면 이해가 쉽다. 오늘날에는 이런 콘텐츠가 종이, 스크린, 인터넷 등 미디어 밖으로 튀어나오고 있다. 최근 기업들이 많이 하는 '이업종 컬래버레이션'이 좋은 사례다. 예컨대 인기 드라마 주인공의 얼굴이 상품 포장에 활용되고, 웹툰에 등장한 장소가 팝업 스토어의 형태로 구현되기도 한다. 기성 콘텐츠가 다양한 분야로 확장되는 트렌드는 이제 '외식업'으로도 이어지고 있다. 영화, 만화, 공연 등 콘텐츠와 '식사'가 만나는 것이다.

콘텐츠와 외식업이 결합된 가장 기본적인 형태는 콘텐츠를 매장에 그대로 적용하는 것이다. 대원미디어가 2022년 10월 서울 마포구 연남동에 오픈한 '코리코 카페'는 미야자키 하야오 감독의 명작 애니메이션인 〈마녀 배달부 키키〉를 활용한 캐릭터 카페다. 카페 외관은 키키가 살고 있는 '커다란 시계와 바다가 보이는 집'을 애니메이션 속에서 그대로 옮겨놓은 듯하다. 정원에서는 새가 지저귀는 소리를 들으며 산책할 수 있다. 영화를 보며 상상했던 그대로다. 영화 속 캐릭터를 활용한 30여 종의 쿠키와 음료를 선보이고, 덕후들의 마음을 흔들어놓을 굿즈도 50여 종 이상 판매하고 있어 지브리 스튜디오의 세계관에 열광하는 이들이라면 자연스럽게 발길이 향하게 된다.

만화와 차의 만남도 인상적이다. 서울 마포구 서교동에 위치한 '알디프'는 웰컴티부터 디저트티까지 여러 종류의 차를 코스 형태로 즐길 수 있는 '티 바'다. 종류별로 차를 마실 때마다 마스터의 설명이 곁들여져 차 맛을 한층 더 섬세하게 느낄 수 있다. 티 코스는 계절에 따라 바뀌는데 그 시즌에 적합한 이야기와 접목되는 것이 특징이다. 예를 들어 2021년 가을에는 부천국제만화축제와 협업해 '만화'를 주제로 티 코스를 꾸몄다. 코스는 허영만 작가의 〈식객〉을 테마로 한 웰컴티를 시작으로 심우도 작가의 〈우두커니〉에서 영감을 얻은 밀크티를 마시고, 넷플릭스 시리즈로도 제작돼 큰 인기를 얻은 〈스위트홈〉 아이스티를 마신 뒤, 신일숙 작가의 〈아르미안의 네 딸들〉을 메인 코스로 즐기고, 마지막으로 네이버웹툰의 〈정년이〉를 테마로 한 디저트티를 맛보는 순서로 구성됐다. 각 작품의 주요 스토리가 차로 어떻게 표현됐는지 해석하는 것도 추가로 누릴 수 있는 즐거움이다.

한편, 최근 다이닝은 콘텐츠를 그대로 재현하는 단계에서 한 단계 더 진화하고 있다. 콘텐츠가 식사와 결합함으로써 음식을 먹는 행위 자체를 한 편의 이야기로 만드는 것이다. 서울 마포구 연남동에 위치한 모던 다이닝 바 '몽중식'은 〈중경삼림〉, 〈무간도〉, 〈아비장전〉, 〈냉정과 열정 사이〉 등 아시아를 대표하는 영화를 테마로 코스 요리를 제공한다. 식당의 소품, 인테리어, 메뉴판, 플레이팅 등은 두 달마다 영화에 따라 완전히 새롭게 꾸며진다. 예를 들어 〈화양연화〉라는 영화를 테마로 한다면, 우선 손님들은 가게를 방문하기 전에 미리 '레드'라는 드레스 코드를 부여받는다. 식당을 방문하면 외관은 물론, 내부까지 이미 〈화영연화〉 콘셉트로 꾸며져 있는 모습을 확인할 수 있다. 영화의 대표적인 소품인 호텔 키가 접시에 놓여있고, 식당 곳곳은 붉은 장미로 장식돼 있다. 손님 앞에는 '스토리카드'가 한 부씩 놓여있는데, 이는 영화의 결정적 장면이 담긴 카드다. 스토리텔러(사장님)가 등장하면 드디어 식사가 시작된다. 스토리텔러는 카드를 활용해 영화의 주요 장면들을 하나씩 설명하고, 곧 그 장면을 음식으로 표현한 메뉴가 서빙된다. 예컨대 여자 주인공이 자주 들고 다니던 가방을 요리로 시각화해 제공하는 식이다. 스토리텔러의 이야기에 푹 빠져 음식을 즐기다 보면, 어느새 이야기의 막이 내림과 동시에 식사도 마무리된다.

아시아권 영화를 변주하며 영화 줄거리에 따라 코스 요리를 선보이는 다이닝 바 몽중식. 영화 〈화양연화〉를 모티프로 메뉴를 구성했다.

뮤지컬을 식사와 연계한 레스토랑도 있다. 2022년 12월, 국내 외식 시장에 최초로 '뮤지컬 레스토랑'이 등장했다. 롯데컬처웍스와 앞서 소개한 몽중식이 협업한 '몽드샬롯'은 공연장 샤롯데씨어터에서 진행되는 뮤지컬을 콘셉트로 한 스토리텔링 레스토랑이다. 샤롯데시어터에서 진행하는 공연이 바뀌면 식당의 코스 메뉴 구성도 바뀐다. 가령, 런던의 이발사가 연쇄 살인을 저지르는 잔혹극 〈스위니 토드〉를 공연하는 기간에는 이를 테마로 모든 식사가 구성된다. 음식뿐만 아니라, 매장 인테리어, 식기류, 소품 등 모든 콘셉트가 해당 뮤지컬을 기반으로 연출되는 식이다. 〈스위니 토드〉가 영국 빅토리아 시대를 배경으로 한 뮤지컬인 만큼, 모든 직원이 입고 있는 의상까지도 빅토리아풍이다. 뮤지컬을 관람한 후 그 감동을 더 오래 가져가고 싶은 소비자들은 몽드샬롯에서 식사를 즐기며 공연의 여운을 만끽할 수 있다.

공연 관람과 식사를 동시에 즐길 수 있는 식당도 있다. 제주 종달리에 있는 수산물 위판장을 개조해 2019년에 문을 연 '해녀의부엌'은 식사 과정을 '극'의 일부로 발전시킨 대표적인 사례다. 이 식당은 2023년 현재 두 종류의 프로그램을 운영하고 있는데, 먼저 〈해녀이야기〉는 실제 해녀와 일반 배우가 펼치는 2인극 공연과 해녀가 차려주는 뷔페식 식사가 결합된 형태다. 해녀와 직접 이야기도 나눌 수 있어 일종의 토크 쇼라고 생각하면 된다. 반면 〈부엌이야기〉는 전문 배우

공연 중인 뮤지컬을 테마로 코스 요리를 제공하는 몽드샬롯.

가 이끌어나가는 음악 중심의 공연이 1시간 정도 진행되는 구성이다. 식당을 찾은 고객들은 기승전결이 있는 한 편의 연극을 보면서 음식을 즐기는 색다른 경험을 할 수 있다.

제주도 해녀들의 이야기를 녹여낸 공연과 음식을 엮어 고객에게 색다른 경험을 제공하는 해녀의부엌.

✖ 예술 작품처럼 말을 거는 다이닝

이야기 식당의 두 번째 유형은 음식과 '예술'의 결합이다. 단순히 시각적으로 아름다운 수준을 넘어 매장에서 판매되는 음식 자체를 하나의 예술 작품처럼 만드는 것이다. 미술관처럼 음식이 전시되는 식食 공간을 구현하고, 셰프는 아티스트로 변신해 손님에게 예술적 감동을 선사한다. 위대한 작품에 별도의 설명과 해설이 덧붙여 있는 것처럼 '아트푸드' 역시 상세한 설명이 더해져 사람들의 미식 경험을 더욱 풍요롭게 한다.

패션 브랜드 젠틀몬스터가 2021년 2월 서울 강남구 신사동에 오픈한 '누데이크 하우스 도산'은 아티스틱 디저트 숍으로 유명하다. 패션 기업이 개점한 카페인 만큼 디저트에 패션과 예술의 영감을 불어넣는 것을 목표로 한다. 우선 디저트를 판매하는 공간이 여느 카페와는 다르다. 매장 중앙에는 공간을 가로지르는 긴 테이블이 놓여있고, 그 위에 디저트가 무심한 듯 전시돼 있다. 공간 곳곳에 설치된 오브제와

디저트를 하나의 예술적인 오브제로 해석해낸 누데이크.

조형물, 그리고 철저히 계산된 여백은 흡사 미술관에 들어와 있는 듯한 착각을 불러일으킨다. 말할 것도 없이 디저트는 하나의 예술 작품이다. 대표 메뉴인 '피크 케이크'는 검은색 페이스트리 크러스트에 말차 크림을 채워 넣은 것이 특징인데, 빵을 손으로 찢어 먹으라는 안내대로 디저트를 즐기다 보면 가운데 있는 녹색 크림이 흘러나와 마치 현무암에서 흘러넘치는 초록색 용암을 보는 느낌이다.

2022년 7월, 서울 마포구 상수동 카페 거리에 개장한 '도식화'는 '그림 같은 마들렌을 먹는다'는 콘셉트의 갤러리 카페다. 1층에 들어서면 일반 마들렌보다 다소 큰, 대략 어른 손바닥만 한 마들렌이 진열돼 있다. 독특한 점은 일반 디저트 가게처럼 마들렌이 유리장 안에 들어가 있는 것이 아니라, 마치 갤러리에서 미술 작품을 전시하듯 한 점

마들렌을 작품처럼 전시하는 카페 도식화. 마치 갤러리에
방문한 느낌이 든다.

한 점이 조명 아래 전시돼 있다는 사실이다. 예술 작품 곁엔 늘 해설이 따라오듯, 마들렌 각각의 특징과 재료 등을 설명하는 글을 덧붙인 것도 인상적이다. 1층에서 2층으로 이동하기 위해서는 복도를 지나야 하는데, 하얀 벽면에는 마치 실제 미술관처럼 절제된 안내 문구와 화살표가 표기돼 있어 위트를 더한다.

음식을 즐기기 위해 하는 동작이 곧 예술의 일부가 되는 공간도 있다. 서울 마포구 망원동에 위치한 카페 '슬라브'는 커피와 디저트뿐만 아니라 위스키와 와인도 함께 판매하는 복합 공간이다. 건축에서 바닥을 구성하는 구조물을 슬래브slab라고 부르는데, 카페의 이름에서 느껴지듯 이곳은 '건축'을 테마로 공간을 꾸몄다. 예를 들어 손님들이 사용하는 테이블 매트는 건축가들이 도면을 그릴 때 활용하는 커팅 매트를 활용했다. 이 가게의 대표 메뉴인 '도미노시스템'은 더욱 인상적이다. 이름만 들었을 땐 어떤 종류의 음식을 뜻하는지 도무지 가늠되지 않는 독특한 매력을 가진 메뉴다. 우선 음식의 생김새가 색다르다. 사과 크럼블을 바닥에 깔고, 아이스크림과 치즈 등을 건물 기둥처럼 세웠다. 그 위에는 비스킷을 층층이 쌓아 건물처럼 보이도록 만들었다. 사람 모양의 작은 피규어도 함께 제공하는데, 비스킷 건물과 크기가 맞아떨어져 마치 사람이 건물 위에서 노니는 듯한 느낌이 연출된다. 더 재미있는 점은 먹는 방식이다. 손님이 이 독특한 디저트를 즐기려고 포크와 나이프를 갖다 대는 순간, 마치 건물이 무너지듯 디

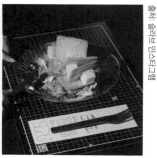

디저트의 외형뿐만 아니라, 디저트를 맛보는 행동 자체를 하나의 예술 행위처럼 연출한 슬라브.

저트가 와르르 무너진다. 그제야 왜 이름에 '도미노'가 들어갔는지 이해된다.

미쉐린 2스타 레스토랑으로 유명한 서울 강남구 청담동의 '정식당' 역시 음식을 먹는 행위를 예술의 경지로 이끈다. 2009년 문을 연 정식당은 최근 유행하는 '한식 미쉐린'의 시초라 불린다. 김밥, 고기, 아이스크림 등 익숙한 메뉴를 파인 다이닝의 언어로 재해석해 인기가 높다. 그중에서도 특히 인기 있는 메뉴는 '돌하르방'이라는 이름의 디저트다. 제주도의 현무암을 그대로 옮겨온 듯한 땅 위에 앙증맞게 놓여있는 돌하르방은 사진 찍기에도 안성맞춤이다. 2023년 정식당에서는 돌하르방 메뉴에 이어 새로운 디저트를 하나 더 추가했다. 새 메뉴의 이름은 '당근'이다. 이름에서 짐작할 수 있듯 디저트의 생김새가 실제 당근과 거의 유사하다. 하지만 생김새보다 더 인상적인 점은 먹는 방법이다. 직원이 흙 바구니에 파묻혀 있는 당근을 가져다주면 손님이 직접 당근을 흙에서 '쑥' 뽑아 올리는데, 이런 퍼포먼스가 곧 공연 예술의 일부처럼 느껴진다.

흙에서 당근을 뽑는 행동까지 식사의 영역으로 확장한 정식당의 디저트 '당근'.

✹ 자기만의 세계관을 보여주는 식당

이야기 식당의 마지막 유형은 식당이 제안하는 낯선 세계로 사람들을 초대하는 방식이다. 다른 식당과 구별되는 뚜렷한 지향점을 가진 이들 식당은 그 가치를 고객에게 전달하기 위해 모든 자원을 총동원해 새로운 세계를 만든다. 손님들은 식당 안으로 입장하는 순간, 차원을 이동해 마치 새로운 세계로 들어선 듯한 인상을 받는다. 식당의 제안에 공감하는 소비자들은 특별한 요청 사항이 없어도 그 세계관에 맞춰 자연스럽게 행동하며 기꺼이 새로운 세계의 구성원이 된다.

내가 만약 유럽의 왕족이 된다면? 어릴 적 한 번쯤 해봤던 상상처럼, 왕실의 일가로 변신해 그들만의 세계를 살아보는 기회를 제공하는 식당이 있다. 실제 왕이 기거했던 프랑스 베르사유 궁전 내부에 자리한 호텔 '르 그랑 콩트롤Le Grand Contrôle'에서 하루를 보낸다면, 나를 귀족처럼 대접해주는 식당을 방문할 수 있다. 전설적인 셰프 알랭 뒤카스Alain Ducasse가 운영하는 이 식당에서 호텔 투숙객들은 매일 저녁 8시 30분마다 왕실 연회를 연상시키는 저녁 식사를 즐긴다. 모든 직원은 18세기 복장을 고증한 특수 유니폼을 입고 있다. 수프와 애피타이저, 구이 요리, 샐러드, 디저트, 과일로 이어지는 5가지 메뉴의 코스 요리는 마치 왕족에게 대접하듯 금과 은으로 만들어진 식기에 담겨 나온다. 고급스러운 샹들리에와 벽 장식은 과거 왕실의 영광을 재현하기 충분하다.

연극 무대에 오른 배우처럼 식당 방문객마저도 역할극에 동참하게 만드는 공간도 눈길을 끈다. 미국 애리조나주에 있는 패스트푸드점 '하트어택그릴Heart Attack Grill'은 '심장마비를 유발하는 음식을 파는 가게'라는 캐치프레이즈를 갖고 있다. 이곳의 테마는 '병원'인데, 이러한 세계관을 가지고 있는 이유는 역설적으로 이 식당에서 건강에 무리가 가는 초고열량 음식을 판매하기 때문이다. 매장의 직원 모두가 간호사 복장을 하고 음식을 서빙하는 것으로 유명한데, 식당에 방문한 소비자들도 매장 안에서는 모두 환자복을 입어야 한다. 햄버거를 남기는 사람은 간호사에게 매를 맞아야 한다는 다소 황당한 규칙도 있다. 환자 복장을 한 손님들은 다른 손님이 매 맞는 장면을 구경하며 폭소를 터뜨린다.

국내에서는 '캠핑' 세계관을 가진 식당도 인기다. 서울 도봉구의 핫플레이스로 부상하고 있는 '무수아취'는 2021년 개장한 글램핑 식당이다.[1] 식당 뒤로는 도봉산이, 앞으로는 무수천이 흘러 도심 한복판

베르사유 궁전에 자리한 르 그
랑 콩트롤 호텔의 식당에서는
과거 프랑스 왕족의 호화로운
생활을 간접 경험해볼 수 있다.

에서 캠핑 기분을 만끽할 수 있다. 글램핑이란 콘셉트에 걸맞게 손님들은 캠핑 장비를 준비할 필요가 전혀 없다. 매점에서 육질 좋은 고기부터 마시멜로 같은 간식까지 모두 판매하기 때문에 일반 식당에 가듯 가볍게 방문하면 된다. 따로 복장에 대한 요구 사항이 없음에도 불구하고 손님들은 캠핑룩으로 맞춰 입고서 실제로 캠핑에 온 것 같은 기분을 한껏 즐긴다.

앞서 소개한 예시들이 눈앞에 완전히 새로운 세계를 펼쳐 보이는 경우라면, 식당이 지향하는 '가치'에 소비자가 공감하길 바라며 자신들의 세계관을 제안하는 곳들의 사례도 주목할 만하다. 네덜란드 암스테르담에 있는 '드 카스De Kas'는 '아침에 수확한 재료를 점심 식탁에 올리자'를 모토로 하는 레스토랑이다. 식재료 키우기부터 그 재료

도심 한복판에서 캠핑 기분을 만끽할 수 있는 글램핑 식당 무수아취.

로 만드는 음식까지 식사를 위한 모든 과정을 한곳의 식당에서 책임지는 '자연 순환적' 세계관을 선보인다. 의도에 맞게 식당도 버려진 온실을 개조해서 만들었다. 이 온실이 채소가 재배되는 공간인 동시에 레스토랑 공간인 셈이다. 온실 안쪽 입구에는 손님들의 식탁에 올라갈 채소와 과일이 자란다. 요리사를 비롯한 직원 모두가 식물 재배에 동참하고 있어, 식사를 하다 보면 요리사들이 조리에 쓸 채소를 수확하고자 온실 안 텃밭을 바삐 오가는 모습을 종종 볼 수 있다.

국내에도 이와 유사한 세계관을 가진 공간이 있다. 경기도 용인에 있는 카페 '묵리459'다. 고요한 산밖에 없는 시골 마을에서 '묵리'라는 동네 지번을 이름으로 따온 이 카페는 한 편의 수묵화와 같은 공간을 자랑한다. 커다란 창문을 통해서는 건물 밖 자연이 고스란히 실내로 들어온다. 특별한 실내 장식이 필요 없는 이유는 창밖으로 보이는 산과 나무, 흙과 돌이 오브제가 돼주기 때문이다. 건물 인테리어만큼이나 음식도 '자연'을 따른다. 카페와 나란히 위치한 농원에서 당일 수확한 식자재를 공급받고, 수경 재배한 채소로 샐러드를 만든다. 휴식과 명상이라는 테마에 맞춰 개발한 대나무향 인센스는 묵리459의 시그니처다. 방문객마저도 목소리를 낮춰 대화하며 공간에 자연스럽게 녹아든다.

세계관이 반드시 거창할 필요도 없다. 손님이 기억해줬으면 하는 작은 테마 하나면 충분하다. 독특한 매장 인테리어나 이벤트는 물론

이고, 우리 가게에서 사용하는 식재료와 메뉴 하나까지도 이야기의 소재가 될 수 있다. 식당에서 근무하는 직원도 이야기가 될 수 있으며, 손님조차도 식당의 이야기를 완성하는 일원이 될 수 있다.

서울 강남구 논현동에 있는 일식집 '모노로그'에서는 손님 앞에 가려진 '막'이 서서히 올라가는 것으로 식사 시작을 알린다. 모놀로그monologue란 연극의 등장인물이 혼자서 하는 독백을 의미하는데, 가게 이름에서 엿볼 수 있듯 이 식당에 방문한 고객은 관객이고, 막이 오르며 등장한 셰프는 극을 이끌어가는 배우다. 그날 준비된 식재료를 고객들에게 한눈에 보여주는 것으로 식사는 시작된다. '지금부터 당신에게 음식을 내어주겠다'라는 메시지가 하나의 이야기가 되는 것이다.

우리 가게의 메뉴 역시 이야기의 소재가 된다. 한우 맡김차림(오마카세)으로 유명한 식당 '이속우화'는 한번 예약하려면 대학교 수강 신청처럼 경쟁이 치열해 '우강 신청'이라고 불린다.[2] 특히 서울 강남구 신사동에 위치한 지점 '이속우화천공'과 하남의 지점 '이속우화구우몽'은 커다란 한우 생고기와 우대 갈비를 럭셔리 브랜드인 루이 비통의 케이스에 담아 보여주는 퍼포먼스로 유명하다. 손님이 모두 자리에 앉으면 직원이 이 독특한 트렁크를 들고 매장을 한 바퀴 돌아다니는데, 손님이 그날 먹을 식재료의 사진을 찍는 포토타임 역시 식사 과정의 일부가 된다.

요리에 사용되는 식재료로 식사 전 퍼
포먼스를 진행하는 이속우화. 이 과정
까지가 모두 식사 경험에 포함된다.

✹ 당신만의 이야기는 무엇인가?

식당이라면 모름지기 음식 맛이 좋아야 한다. 품질이 좋은 제품이어야 잘 팔린다는 사실은 모든 산업에 적용되는 당연한 진리다. 그럼에도 불구하고 음식의 맛과는 무관한 기성 콘텐츠, 예술, 세계관과 결합하는 '이야기 식당' 트렌드가 외식업에서 부상하는 이유는 무엇일까?

우선 국내 외식 시장이 성장하면서 맛이 상향 평준화되고 있다는 점을 꼽을 수 있다. 눈앞에 보이는 어느 식당을 들어가도 웬만큼의 수준은 보장이 되는 시대다. 그러다 보니 이제 다이닝의 새로운 경쟁력으로 '맛'만큼이나 '경험'이 부상한 것이다. 맛은 기본이고, 그 식당만의 스타일과 철학이 있어야 사람들이 찾는다. 한 식품 회사 연구소의 헤드 셰프는 "식사에도 디자인 요소가 경쟁력으로 부상하고 있다"고 설명한다.[3] 최근 서울을 중심으로 한 F&B시장에서는 '셰프'보다 '디자이너'를 찾는 데 더 심혈을 기울인다는 말이 있을 정도다. 식당에서 음식을 먹는 경험이 비싼 명품 백만큼이나 좋은 자랑거리가 되는 '경험의 과시재화'가 진행되면서 해당 식당이 가진 독특한 스타일이 경쟁력의 핵심 요소로 부상하는 것이다. 이야기 식당의 세 가지 구성 요소인 콘텐츠, 예술, 세계관은 소비자에게 '감각적인 경험'을 제공하는 재료로 손쉽게 활용된다.

이야기가 외식업에서 중요해지는 또 다른 이유는 사람들이 경험을 반복할 때 필연적으로 느끼는 식상함을 상쇄하는 힘이 이야기에 있기 때문이다. 개성 넘치는 식당이라고 해도 고객이 재방문하지 않는다면 운영이 지속되기 어렵다. 특히 요즘처럼 유행의 주기가 짧고 소비자들이 계속해서 새로운 경험을 좇는 경향이 강해지면, 제아무리 특색을 가진 식당이라도 금방 지겨워지기 마련이다. 이때 이야기는 경험에 새로움을 불어넣을 수 있다. 앞서 소개한 가게 중 아시아 영화를 테마로 해서 계절별로 새로운 메뉴를 선보이는 '몽중식'을 예로 들어보자. 만약 봄에 방문했을 때 만족스러웠던 고객이라면 새로운 영화가 소개되는 여름, 가을, 겨울마다 적어도 한 번씩은 몽중식을 방문하고 싶다고 생각하게 될 것이다. 이처럼 고객의 재방문을 유도하기 위해서는 들려주는 이야기 자체를 지속적으로 바꿔나가면서 고객에게 이곳이 아니면 할 수 없는 경험을 계속 제공해야 한다.

마지막으로, 자신만의 이야기로 새로운 세계를 펼쳐 보이는 식당이라면 소비자에게 대체 불가능한 목적지가 될 수 있다. 맛집 평가로 유명한 미쉐린 가이드의 최고 등급 3스타의 기준은 '이 식당에 방문하기 위한 목적으로 여행을 떠날 가치가 있는지'의 여부다. 그 자체로 하나의 목적지가 될 수 있다는 사실은 음식점이 가질 수 있는 최고의 영예인 것이다. 같은 맥락에서 최근 일본 외식업 시장에서는 '데스티네이션 레스토랑Destination Restaurant'을 방문하는 것이 새로운 유행으로 부상하고 있다. 이는 일본의 〈재팬타임즈The Japan Times〉가 1년에 한 번씩 발표하는 10대 식당 리스트인데, 이 식당들은 하나같이 도시가 아닌 외딴 시골에 자리 잡고 있다.[4] 그럼에도 불구하고 여기에 선정된 식당은 다른 곳에서는 좀처럼 볼 수 없는 유일무이한 경험을 제공하기 때문에 사람들은 기꺼이 이 식당을 여행의 목적지로 설정한다. 이처럼 다른 곳에서는 만나보기 힘든 독특한 경험을 제공하는 식당이라면, 찾아가기 어려운 곳에 있거나 대기 줄이 무척 길어 몇 시간씩 기다려야 할지라도 사람들은 기꺼이 수고스러움을 감수하게 될 것이다.

고민은 바로 이 지점에서 시작된다. "그렇다면 우리 식당은 과연 무엇으로 이야기를 만들 것인가?"

특별한 이야기란 너무 니치niche해서 소수의 사람들만 만족시킬 뿐, 다수의 소비자에게 소구하긴 어려울 거라 주장하는 사람들도 있다. 과연 그럴까? 예술적인 비주얼과 훌륭한 맛, 감각적 인테리어로 디저트 시장의 혁신 사례가 된 '누데이크'의 성공은 이 질문에 명쾌한 해답을 제시한다. 누데이크의 브랜딩 팀은 처음 이 카페를 기획할 때 "이걸 먹기 위해서 과연 사람들이 줄을 설까?", "한 번 방문한 손님들이 재방문할까?"와 같은 질문을 반복해서 던졌다고 한다.[5] 이러한 질문 끝에 내린 결론은 "100명의 소비자가 50% 즐기고 가는 것보다 50명의 소비자가 100% 즐기고 가는 것이 더 중요하다"라는 것이었다. 단 한 명의 소비자라도 완벽하게 만족시킬 수 있어야 성공하는 가게가 될 수 있다는 뜻이다.

우리가 경영하는 식당의 이야기가 반드시 거창할 필요는 없다. 손님이 기억해줬으면 하는 작은 테마 하나로 시작하면 된다. 식당이라는 무대에서 고객이 경험하는 모든 요소 중 하나만이라도 골라 이야기의 소재로 만들어보자. 가게 식재료의 탄생부터 요리 과정까지 모두 이야기가 될 수 있고, 메뉴판을 스토리텔링 북으로 활용할 수도 있다. 혹은 고객과 직접 이야기를 나누는 직원이 스토리텔러가 될 수도 있으며 매장 인테리어, 메뉴 자체에 이야기를 담을 수도 있다. 여기서 중요한 것은 고객에게 전할 수 있는 우리 가게만의 이야기를 만들고 식당을 하나의 세계관이 펼쳐지는 무대로 삼아 고객에게 특별한 경험을 선사해야 한다는 사실이다.

지금 잠깐 시간을 내서 한번 고민해보자. 우리 가게는 어떤 이야기를 품고 있는가? 그것이 시작이 될 수 있다. 우리 식당을 가장 잘 이야기해줄 수 있는 '키워드'를 찾아 작지만 큰 힘을 가진 '이야기'로 만들어보자. 그러면 사람들은 자연스럽게 줄을 설 테니 말이다.

6

식사이클링

여기 한 식당이 있다. 끄트머리에 곰팡이가 피거나 거무스름하게 변색된 콜리플라워가 근사한 샐러드로 바뀌고, 군데군데 멍이 든 사과를 얇게 저며 파스타 면으로 만들어내는 곳. 서울 용산구에 위치한 '홈마켓'의 풍경이다. 브런치 식당이자 채소를 파는 가게인 홈마켓은 맛있는 비건식으로 유명하지만, 이곳의 진짜 자랑은 흠이 있는 못난이 농산물이다. 모양 때문에 상품성이 다소 떨어지는 채소와 과일을 골라 담으면 신문지로 감싼 뒤 마스킹 테이프를 붙여 포장해준다. 농산물이 생산되고 소비되는 일련의 과정에서 불필요한 낭비를 막고 쓰레기를 최소화할 수 있도록 돕는 것이다.

여기 또 한 카페가 있다. 제철 재료로 만든 맛있는 케이크가 먹음직스럽게 진열된 곳. 하지만 여기서 디저트만큼이나 유명한 것은 바로 테이크아웃이 불가능하다는 사실이다. 서울 마포구 연남동과 종로구 청운동 서촌 두 곳에 매장을 운영하고 있는 카페 '얼스어스'에서는 디저트를 포장해가려면 직접 용기를 가져와야 한다. 그것도 반드시 다회용기일 것. 처음에는 떨떠름하게 여기는 손님들도 있었지만, 환경을 생각하는 사장님의 마음에 동조하는 사람들이 모여 입소문이 나기 시작했다.

코로나19를 겪으며 포장과 배달이 더욱 일상화됐다. 덕분에 손쉽게 끼니를 해결할 수 있게 됐지만, 분리수거장에 쌓여있는 플라스틱 쓰레기를 보는 불편한 마음 역시 커졌다. 플라스틱뿐만이 아니다. 음식물 쓰레기 배출량도 꾸준히 증가하고 있다. 먹다 남긴 음식에 더해, 단순히 모양이 볼품없다는 이유로 선택받지 못한 식재료나 제조 과정에서 발생한 부산물 등 하루에만 약 2만 톤의 음식물 쓰레기가 버려진다. 우리가 먹고 마시는 과정 자체가 지구를 괴롭히고 있는 셈이다.

이런 상황에서 어떻게 하면 환경을 파괴하지 않는 무해한 한 끼를 즐길 수 있을까? 맛있게 먹는 것도 중요하지만 지구에 덜 해로운 방식으로 식문화를 바꿔나가야 한다는 목소리가 최근 주목받고 있다. 오늘날 소비자들은 식사를 하기 전부터 식사를 준비하는 과정에서 발생하는 부산물이나 식사 후 남게 되는 음식물의 처분을 함께 고려한다. 또한 환경을 위해 포장을 최소화하거나, 포장을 하더라도

일회용 포장 용기를 사용하지 않는 카페 얼스어스. 디저트를 다회용기에 포장하는 게 간편한 일은 아니다. 그러나 친환경 정책에 대한 고객들의 공감대가 형성되면서, 이제 '#번거로운포장법'이라는 해시태그는 얼스어스를 대표하는 키워드가 됐다.

재활용이 수월한 포장 방식을 선택한다. 이러한 소비자의 변화에 맞춰 시장에서도 쓰레기 줄이기less-waste를 위한 움직임이 활발하다. 《대한민국 외식업 트렌드》에서는 음식을 소비하는 과정에서 발생하는 환경적 이슈까지 고려하는 소비자의 변화를 일컬어 **'식사이클링**食+recycling' 트렌드라 명명한다.

음식을 즐기면서도 환경을 지킬 수 있는 방안에는 어떠한 것이 있을까? 여기서는 남은 음식을 재활용하거나 음식의 제조 과정에서 발생하는 부산물을 새롭게 활용하는 '식 활용'과 플라스틱 용기 대신 다회용기나 대체 용기를 활용하는 '용기 활용'으로 나누어 소개하고자 한다. 식사 후 남겨진 것들에 대해 고민하고 환경에 덜 해로운 식문화를 위해 노력하는 '식사이클링' 트렌드를 살펴보자.

✖ 식 활용: 쓸모없던 음식들의 변신

"못생긴 당근? 수프에 들어가면 상관없잖아."

2014년 프랑스의 슈퍼마켓 체인 '인터마르셰Intermarché'에서 판촉 행사가 진행됐다. 행사 포스터가 매우 인상적이었는데, 거기에는 마치 사람 다리처럼 끝이 두 갈래로 갈라진 당근 사진이 실려있었다. 이를 통해 인터마르셰는 모양이 이상하게 생긴 당근도 요리하는 데는 지장이 없다는 메시지를 던진 것이었다. 당시 프랑스에서는 매년 1천만 톤에 달하는 음식물 쓰레기가 버려지고 있었다. 이 행사는 프랑스 소비자들이 못난이 농산물에 대한 인식을 달리하는 계기가 됐으며, 이후로 못난이 농산물 캠페인은 유럽 전역과 북미 지역으로 확산됐다. '푸드 리퍼브Food Refub' 열풍의 시작이었다.

푸드 리퍼브란 음식을 뜻하는 푸드와 재공급품을 의미하는 리퍼비시드refurbished의 합성어로 여러 가지 이유로 상품 가치가 떨어진 농

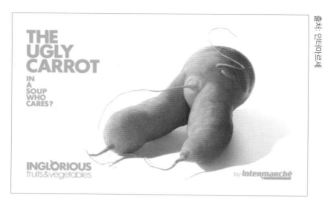

못난이 당근의 사진이 실린 인터마르셰 행사 포스터.

산물이나 음식을 저렴한 가격에 판매하는 것을 말한다. 보통 리퍼브는 공산품에서 주로 사용되는 개념이다. 가구나 전자 기기가 대표적이다. 제조 및 유통 과정에서 작은 흠집이 생겼지만 성능에는 큰 문제가 없다면 이를 정상가보다 할인된 가격으로 판매하는 경우가 많다.

국내에서도 푸드 리퍼브에 대한 관심이 높아지는 추세다. 경기농정의 자료에 따르면 매년 농산물 선별 작업에서 분류되는 못난이 농산물은 총생산량의 약 15~30%에 이른다. 이들은 곧 폐기 수순을 밟게 되는데, 먹는 데는 전혀 지장이 없지만 모양이 예쁘지 않다는 이유로 쓰레기가 되는 것이다. 이러한 상황에서, 버려지는 농산물을 소비하기 위한 방안으로 비규격 상품을 구독 비즈니스와 연계한 서비스들이 등장하고 있다. 이들 서비스에 대한 시장의 반응도 긍정적이다.

2020년 서비스를 시작한 못난이 농산물 구독 서비스 '어글리어스'는 2023년을 기준으로 1년 만에 매출이 700%나 증가했다.[1]

일찍이 푸드 리퍼브에 대한 관심이 높았던 유럽과 미국에서는 못난이 채소를 재탄생시키는 데 더욱 적극적이다. 네덜란드의 스타트업 크롬콤머Kromkommer가 대표적인데, 네덜란드어로 'krom'은 '삐뚤삐뚤하다'는 의미를 가지고 있다. 이 회사는 단지 못난이 채소를 수거해 다시 활용하는 것에 그치지 않는다. 귀여운 패키지를 사용해 소비층의 범위를 확장하고, 아이들에게 관련된 교육 서비스를 제공하거나 못난이 채소의 모양을 본떠서 만든 장난감 키트를 판매하면서 못난이 채소에 대한 인식을 개선하고자 노력하고 있다.

네덜란드 스타트업 크롬콤머가 못난이 채소의 모양을 본떠 만든 장난감 키트 'Wonky Fruits & Vegetables'. 해외에서는 못난이 채소에 대한 인식을 개선하려는 움직임이 보다 활발하다.

농산물 리퍼브에서 한 걸음 더 나아가 음식 리퍼브에 대한 관심도 뜨겁다. 일본 도쿄 신주쿠에 있는 '밤의 빵집夜のパン屋さん'은 일주일에 3일, 그것도 저녁 7시부터 9시까지 단 2시간만 운영하는 베이커리다. 가게 이름처럼 밤에만 빵을 살 수 있다는 점도 독특하지만, 이곳이 더욱 특별한 이유는 직접 빵을 만들지 않기 때문이다. 대신 다른 빵집에서 판매하고 남은 빵을 저렴하게 구입해 진열대를 꾸린다. 남은 빵이라고 해서 품질이 떨어지는 것은 아니다. 오히려 유명한 베이커리들이 함께하기 때문에 제품의 퀄리티도 높은 편이다. 소비자들의 만족감도 크다. 다양한 베이커리의 빵을 모아두니 일종의 편집 숍에서 빵을 고르는 듯한 재미가 있고, 유통기한이 지나면 폐기될 예정인 빵을 구매하는 셈이니 환경 문제에 기여한다는 만족감도 느낄 수 있다. 밤의 빵집은 노숙자를 지원하는 비영리단체 빅이슈BIGISSUE에서 운영하는데, 노숙자들은 여러 가게를 돌면서 팔고 남은 빵을 회수하고 이를 밤의 빵집에서 다시 판매하는 일을 담당한다. 밤의 빵집은 영업점을 확장해 현재는 도쿄 내 3개 지역에서 정기적으로 운영되고 있다.

덴마크의 '투굿투고Too Good To Go'는 세계 최초로 식당 마감 할인 서비스를 운영하는 플랫폼이다. 식당, 식료품, 제과점 등에서 마감 직전에 남은 음식을 구매해 고객들에게 저렴하게 판매한다. 투굿투고 앱에서 지역을 설정하면 등록돼 있는 가게 목록이 뜨는데, 구매를 희망하는 상품과 수량을 정해 예약할 수 있고 앱 내에서 결제도 가능하

빵을 굽지 않는 베이커리인 밤의 빵집. 버려지는 빵이 없길 바라는 마음으로 2020년 10월 16일 '세계 식량의 날'에 문을 열었다.

다. 가게는 당일 폐기해야 하는 처치 곤란한 음식을 판매할 수 있고, 고객들은 저렴한 가격에 원하는 음식을 구매할 수 있어 좋다.

이미 만들어진 음식물 쓰레기를 새롭게 활용하는 방법도 주목받고 있다. 요즘 유튜브나 블로그에는 당근 잎, 커피 찌꺼기, 과일 속껍질 등의 활용 노하우를 담은 제로웨이스트 콘텐츠가 다수 올라와 있다. 당근 잎을 삶아 다진 마늘과 맛소금을 넣어 심심한 당근 무침을 만들거나 커피 찌꺼기를 기름때가 진 냄비와 프라이팬을 닦는 스크럽으로 사용하는 등 다양한 활용법이 공유된다.

여기서 한 걸음 더 나아가 식품 폐기물이 업사이클링 푸드로 재탄생하는 사례도 많다. 예를 들어 국내 최초의 업사이클링 푸드 스타트업인 리하베스트는 맥주나 식혜 등을 만들고 남은 보리 부산물을 수거해 밀가루를 대체할 수 있는 제분을 만든다. 지금까지 버려졌던 식품 폐기물을 상품화하는 대표적인 사례다. 보리 부산물은 식이섬유나 단백질이 많아 영양 성분이 좋고 원가가 저렴하다는 장점이 있다. 최근 오비맥주는 리하베스트와 손잡고 맥주 양조 과정에서 나오는 부산물인 맥주박을 활용해 만든 '한맥 리너지 크래커'를 선보이기도 했다.

업사이클링 푸드에 대한 국내 기업들의 관심은 점점 높아지고 있다. 기존에 버려지던 식품 부산물을 활용한다는 점에서 비용을 절감할 수 있고, 장기적인 관점에서 볼 때 기업 가치를 끌어올리는

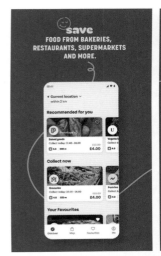

유엔 환경 프로그램에 따르면 전 세계에서는 매년 음식물의 3분의 1이 버려진다고 한다. 이러한 문제를 해결하기 위해 투굿투고는 당일 판매되지 않은 음식이 있는 식당의 정보를 공유하는 서비스를 제공하고 있다.

ESG(환경·사회·지배구조) 경영의 실천 방법이 될 수 있기 때문이다. CJ제일제당은 깨진 쌀, 콩, 비지 등 식품 부산물을 30%가량 함유한 스낵 '익사이클 바삭칩'을 선보였는데, 출시 후 10개월간 누적 판매량이 20만 봉에 달하면서 주요 편의점에 입점하는 것까지 성공했다. 삼성웰스토리 역시 농가에서 버려지는 비지에 주목해, 식이섬유가 풍부한 비지를 단백질 스낵으로 재탄생시켰다. 이처럼 업사이클링 푸드산업은 주목받는 신사업 분야다. 한국농수산식품유통공사에 따르면 전 세계 업사이클링 푸드 시장은 2022년 약 70조 원 규모에서 2032년에는 약 110조 원 규모로 성장할 것으로 전망된다.[2]

✖ 용기 활용: 지구를 위한 당당한 실천

배달의 시대다. 집에서 매 끼니를 만들어 먹기보다는 식당에서 포장해오거나 배달로 해결하는 경우가 많아졌다. 매장 운영보다는 포장판매를 중심으로 하는 식당들도 생겨났으며, 너무나 다양해진 밀키트 제품을 활용해 요리가 아닌 '조립'을 하는 주방 풍경이 더 이상 낯설지 않게 됐다. 통계청의 온라인 쇼핑 동향에 따르면 2021년 음식 배달 시장 규모는 무려 25조 6,783억 원에 이른다. 2019년과 비교하면 불과 2년 만에 2.6배 이상 커진 셈이다. 이러한 식문화의 변화는 우리 일상을 편리하게 만들었지만, 동시에 플라스틱 쓰레기의 급증을 야기했다. 특히 일회용 숟가락, 포크, 나이프의 공급량 및 사용량이 크게 증가했다.

늘어나는 플라스틱 쓰레기에 위기감을 느낀 소비자들은 이제 직접 행동에 나서기 시작했다. 대표적인 사례가 '용기내 챌린지' 캠페인이다. 용기내 챌린지는 음식 포장으로 발생하는 불필요한 쓰레기를 줄이자는 취지에서 '용기勇氣, courage'를 내서 '(다회)용기容器, container' 내에 식재료나 음식을 포장해오자는 운동이다. 용기내 챌린지는 2020년 그린피스 서울 사무소와 배우 겸 환경 운동가 류준열이 함께하며 본격적으로 시작됐다. 이후 취지에 공감하는 사람이 많아지면서 '#용기내챌린지' 해시태그를 붙인 인증 사진과 게시물이 유튜브, 블로그, 인스타그램 등 각종 SNS에 끊이지 않고 올라오고 있다.

외식업계의 노력도 조금씩 눈에 띈다. 대구 수성구에 위치한 베이커리 카페 '마마플레이트'는 '에코백 사용'이라는 작은 실천으로 큰 변화를 꿈꾸는 가게다. 대부분의 가정에 어딘가에서 받았지만 쓰지 않는 에코백이 가득 있다는 점에 착안했다. 우선 가게에 에코백 반납 시스템을 만들어 고객들로부터 안 쓰는 에코백을 모았다. 그리고 테이크아웃 시 비닐 대신 에코백에 담아주고 나중에 다시 매장으로 반납하도록 했다. 에코백이 제대로 회수될지 우려하는 이들도 있겠지만, 고객들이 반납을 하지 않더라도 큰 문제는 없다. 에코백이 본래의 용도로 잘 쓰이기를 바라며 선물한 셈 치면 되기 때문이다.

한편, 다회용기에 대한 관심이 높아지면서 음식 크기를 고려한 다양한 맞춤 용기가 출시되고 있다. 일례로 밀폐 용기 전문 브랜드 글라스락은 2021년 포장용 유리 용기인 '글라스락 픽업 용기' 라인을 선보였다. 국물류가 많은 배달 음식의 무게를 버틸 수 있도록 튼튼한 손잡이를 달고, 뜨거운 음식을 담아도 유해 물질이 나오지 않도록 내열

강화 유리를 사용한 것이 특징이다. 메인 메뉴인 '떡볶이 · 족발용', '찜 · 탕용' 픽업 용기에 이어, 카페에서 디저트를 포장할 수 있는 '조각 케이크용' 픽업 용기도 라인업에 추가됐다. 케이크의 모양이 흐트러지지 않도록 손잡이형 트레이를 더한 것이 흥미롭다.[3] 2022년에는 '조각 피자용' 보관 용기를 출시하기도 했다. 보통 남은 피자를 보관할 때눈 비닐 랩이나 위생 봉투를 사용하는 경우가 많은데, 해당 용기를 이용하면 일회용품을 사용하지 않고도 남은 피자를 보관할 수 있다. 이러한 맞춤 용기는 버려지는 음식물 쓰레기를 줄여나가는 데 도움을 준다.

다회용기의 사용은 식당과 지자체, 그리고 배달업계의 협업으로도 이어지고 있다. 2022년, 서울시는 배달 플랫폼 운영사(배달의민족 · 요기요 · 땡겨요 등)와 다회용기 배달 서비스를 운영하는 스타트업 잇그린과 협력해 서울 5개 구(강남 · 서초 · 관악 · 광진 · 서대문)에서 다회용기 배달 사업을 진행한 바 있다. 식당 업주가 다회용기 서비스를 신청하고, 배달 플랫폼이 앱 내에 다회용기를 선택할 수 있는 주문 옵션을 제공하면 서울시가 예산을 지원하는 방식이었다. 일회용품 사용의 증가는 배달업계가 받아온 지속적인 비판 중 하나였기에, 해당 사업이 성과를 거둘 수 있을 것인가에 대해 많은 관심이 집중됐다. 과연 결과는 어땠을까? 2022년 9월부터 12월까지 4개월 동안 누적 이용 건수는 약 3만 건에 달했다.[4] 물론 홍보가 부족하고 서비스 지

출처: SCG 솔루션

'필환경'을 내세워 맞춤 용기 시리즈를 선보인 글라스락.

역도 제한적이라 아직은 기대에 미치지 못하는 수치지만, 업계에서는 앞으로 다회용기 도입이 꾸준히 증가할 것으로 보고 있다. 잇그린은 다회용기 배달 서비스인 '리턴잇'을 지속해서 운영하면서, 2023년에는 수도권을 중심으로 더욱 많은 지방자치단체에서 다회용기 이용 서비스를 도입할 예정이다.

잇그린 외에도 국내외의 다양한 스타트업에서 다회용기 사업에 관심을 보이고 있다. 다회용 컵을 대여해주는 독일의 '프라이부르크 컵FreiburgCup', 영국의 '클럽제로CLUBZERØ' 등의 서비스가 대표적이다. 국내에는 2020년에 등장한 트래쉬버스터즈가 있다. 영화 〈고스트버스터즈Ghostbusters〉의 주인공들이 유령을 잡는 것처럼 일회용 쓰레기를 몰아낸다는 콘셉트다. 트래쉬버스터즈의 창업자 곽재민 대

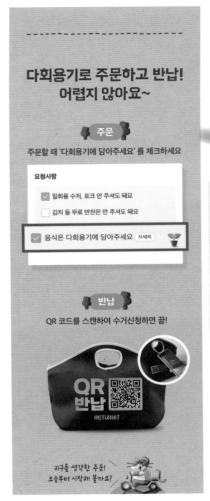

출처: 배달의민족

다회용기로 주문하고 반납!
어렵지 않아요~

주문

주문할 때 '다회용기에 담아주세요' 를 체크하세요

요청사항

☑ 일회용 수저, 포크 안 주셔도 돼요

☐ 김치 등 무료 반찬은 안 주셔도 돼요

☑ 음식은 다회용기에 담아주세요 자세히

반납

QR 코드를 스캔하여 수거신청하면 끝!

지구를 생각한 주문!
오늘부터 시작해 볼까요?

쓰레기 없는 배달 문화를 지향하는 잇그린의 다회용기 배달 서비스 '리턴잇'. 주문부터 반납까지 서비스를 이용하는 방법도 매우 간단하다. 배달 앱에서 음식 주문 시 '다회용기'를 선택하고, 식사 후 설거지 없이 회수 가방에 담은 후 QR코드로 반납을 신청하면 된다.

표는 축제 감독으로 일하면서 축제가 끝난 후 엄청나게 쏟아지는 쓰레기에 주목했다. 축제뿐만 아니라 사내 카페와 탕비실, 영화관, 캠퍼스, 행사장, 장례식장 등에서도 매번 어마어마한 양의 일회용 쓰레기가 발생한다. 트래쉬버스터즈는 이와 같이 대량 쓰레기가 발생하는 곳에 6단계의 철저한 전문 세척 과정을 거친 다회용기를 제공함으로써 쓰레기를 줄이는 것을 목표로 한다. 트래쉬버스터즈의 다회용기는 한번 만들어지면 200~300회 정도 재사용할 수 있으며, 2023년 3월까지 이들이 줄인 일회용품의 개수는 누적 1,650만 개에 달한다.[5]

해외에서는 프랜차이즈 식당을 중심으로 다회용기 활용이 활발한 편이다. 미국 6개 주와 두바이에서 샐러드 체인점을 운영하는 '저스트 샐러드Just Salad'는 고객들이 다회용기를 사용하도록 적극 권장하고 있다. 소비자들이 다회용기를 사용해 샐러드나 웜볼을 주문하면 1개의 무료 토핑을 제공하는 식이다. 리유저블reusable 샐러드 볼은 매장 첫 방문 시 1달러에 구매할 수 있다.[6]

아랍에미리트에 위치한 '도도피자Dodo Pizza UAE'도 다회용기에 피자를 배달하는 것으로 유명하다. 도도피자는 17개국에 지점을 둔 다국적 피자 체인인데, 재사용이 가능한 피자 케이스를 제작해 두바이에서 시범 운영하고 있다. 지속 가능한 플라스틱으로 제작되는 케이스는 500회까지 재사용이 가능하다.[7] 이와 같은 다양한 시도가 국내에서도 확산되기를 기대한다.

용기 대여 서비스에서 가장 중요한 요소는 단연 위생이다. 트래
쉬버스터즈는 용기 수거 후 6단계의 세척 및 살균 과정을 거쳐
위생을 철저히 관리하고 있다.

다회용기는 여러 번 사용할 수 있다는 점에서는 친환경적이지만 여전히 플라스틱이라는 한계를 지닌다. 그래서 플라스틱을 대체할 수 있는 소재에 관심이 쏠린다. 이러한 가운데 일본에서는 식용이 가능한 접시가 개발돼 주목을 받았다. 제과 회사 마루시게 세이카丸繁製菓는 모나카의 웨이퍼에서 아이디어를 얻어, 먹을 수 있는 접시인 '이트레이e-tray'를 제작했다. 이트레이는 아이스크림 웨이퍼에 사용되는 밀가루와 옥수수 전분 대신 감자 전분을 사용해, 최대 1시간 동안 수분을 견딜 수 있다. 새우전병, 양파, 자색고구마, 군옥수수, 플레인 등 5가지 맛이 있는데, 매년 판매량이 증가하는 중이다.[8]

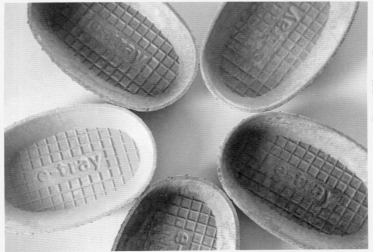

출처: 이트레이 웹사이트 및 인스타그램

그릇까지 먹을 수 있다면 어떨까? 쓰레기 발생을 차단하는 친환경성
은 물론, 세척의 번거로움까지 덜어내 큰 인기를 얻고 있는 식용 접
시 이트레이.

✖ 당신만이 버려지는 것들을 구할 수 있다

환경에 대한 위기감이 식생활 트렌드를 바꾸고 있다. 단순히 먹고 즐기는 것에서 그치는 게 아니라, 남은 음식의 처분을 고려하고 친환경 포장을 실천하려는 노력으로까지 확산되고 있는 것이다. 이처럼 음식을 소비하는 과정에서 발생하는 환경적 이슈를 검토하고 쓰레기를 줄일 수 있는 방안을 고민하는 식사이클링 트렌드가 등장한 이유는 무엇일까?

가장 중요한 배경은 역시 나날이 심각해지는 환경 문제다. 국제 환경 단체인 글로벌 생태발자국 네트워크 Global Footprint Network는 매년 1월 1일, '지구 생태용량 초과의 날 Earth Overshoot Day'을 발표한다. 지구 생태용량 초과의 날이란 인류의 생태발자국(자연 자본에 대한 인간의 수요, 즉 인간과 경제를 뒷받침할 수 있는 자연 자본의 양)이 1년간 지구가 생산할 수 있는 생태 자원을 넘어선 날을 의미한다. 1971년에는 12월 25일이었던 지구 생태용량 초과의 날은 갈수록 점점 짧아져, 2022년에는 7월 28일을 기록했다.[9] 한 해가 시작된 뒤 7월 28일이면 이미 1년 치 자원을 전부 소진해버린다는 의미다. 인류가 자원을 소비하는 속도는 점점 빨라지고 있다.

사실 우리는 환경 오염이 심각해지고 있다는 사실을 너무 잘 알고 있다. 때로는 끊임없이 쏟아지는 경고에 오히려 무뎌지기도 했다. 그런데 상황이 달라졌다. 단순히 수치상의 심각함을 넘어 이제는 일상에서 위기를 체감하기 시작한 것이다. 특히 코로나19는 환경 보호에 대한 경각심을 일깨워주는 결정적 계기가 됐다. 매년 반복되는 폭염, 폭설 등 이상기후와 코로나19와 같은 전염병을 겪으면서 인류의 생존을 위해 필수적으로 친환경을 실천해야만 한다는 인식이 널리 퍼졌다. 《트렌드 코리아 2019》에서 제기했던 '필환경시대'가 도래한 것이다. 필환경의 핵심이 일상에서 작지만 큰 변화를 만드는 것이라는 점에서, 매일 먹고 마시는 식문화에서부터 환경을 고려하겠다는 소비자들의 다짐은 필연적일 수밖에 없다.

과거에 비해 환경 이슈에 민감해진 소비자의 특성도 주목할 부분이다. 특히 향후 외식업 트렌드를 주도해갈 젊은 세대는 기성세대에 비해 환경 민감도가 한층 높다. 기후 위기를 중요하게 인식하고 친환경의 실천을 삶의 주요 가치관으로 삼는 MZ세대를 '엠제코MZ+Eco'라고 부르는데, 기후 위기의 피해 당사자이자 지구에서 가장 오래 살아야 할 주체라는 점에서 엠제코에게 환경 문제는 곧 '나의 생존이 달린 문제'다. 닐슨코리아의 조사에 따르면, 2021년 MZ세대의 제로웨이스트 실천 인증 사례는 6만 3,189건으로 나타났다. 불과 2년 전인 2019년과 대비해 8.4배나 증가한 것이다.[10] 대학내일 20대연구소의 조사도 흥미롭다. 전국의 만 15~40세 남녀를 대상으로 한 식생활 관련 조사에 따르면, 이들 중 95.6%가 환경을 위해 식생활 습관을 바꿨다고 응답했다. 여기에는 음식물 쓰레기 줄이기(52.1%), 배달 시 일회용 수저 쓰지 않기(52.0%), 일회용 포장재 쓰지 않기(40.9%) 등이 해당한다.[11] 이러한 경향은 배달의민족 앱 주문 데이터를 통해서도 확인할 수 있다. 2019년 4월 국내 배달 앱 최초로, 배달의민족 앱에 '일회용 수저·포크 안 받기' 기능을 도입해 2022년 12월까지 누적 11억 2천만 건 이상 '일회용 수저·포크'의 불필요한 낭비를 막을 수 있었다. 처음 기능을 도입할 당시, '일회용 수저·포크'를 받지 않는 주문의 비중은 15%에 불과했으나, 이제는 60%로 크게 성장해 배달 주문 시에도 친환경 실천 습관이 자리매김한 것을 알 수 있다.

또한, 2021년 12월부터 배달의민족 앱에서 주문 시 '김치 등 무료 반찬은 안 주셔도 돼요'를 선택하는 옵션 기능을 제공해, 고객들이 먹지 않는 기본 찬을 받지 않게끔 함으로써 음식물 쓰레기와 반찬 포장에 사용되는 작은 플라스틱 용기의 사용을 줄일 수 있었다. 이를 통해 약 1년 동안 약 3,800만 건의 주문에서 음식물 쓰레기를 줄일 수 있었다.

나아가 친환경 자체가 힙한 문화 코드로 통하고 있다는 점도 중요하다. 현대 자본주의에서 소비는 곧 정체성을 의미한다. 특히 MZ세대에게 소비는 단순한 물건 구매가 아니라 자신의 신념을 드러내는 '미닝아웃meaning+coming out'의 수단이다. 제로웨이스트, 채식, 텀블러 사용, 리사이클링 등이 소비의 대상이자 삶의 방식을 표현하는 기호로 활용된다는 뜻이다. 리퍼브 식당에서의 한 끼, 다회용기에 담아 온 디저트 등은 나의 신념과 가치관을 드러내는 콘텐츠가 돼 SNS에 공유된다.

이제 친환경은 피할 수 없는 대세가 됐다. 식당의 입장에서도 당장 일회용 포장 용기를 모두 없애거나 식재료를 전부 못난이 농산물로 대체하기는 쉽지 않겠지만, 지구에 덜 해로운 한 끼를 희망하는 소비자들을 외면할 수는 없을 것이다. 작은 실천이라도 무해한 식사를 지향하는 방향성 자체가 중요하다. 그렇다면, 식사이클링 트렌드를 적용하는 데 있어 우리가 고려해야 할 점은 무엇일까?

먼저 친환경은 근엄한 의무가 아니라 멋진 실천이어야 한다. MZ세대는 친환경 활동을 구호와 선언, 책임과 윤리와 같은 무거운 단어에 가두지 않는다. 그들에게 친환경이란 경쾌하고 힙한 일종의 놀이다. 앞서 언급한 흠마켓을 다시 살펴보자. 흠마켓은 못난이 농산물을 판매하는 푸드 리퍼브 마켓이지만, 주변에서 흔히 볼 수 있는 동네 마트 같은 모습이 아니다. 나무 상자에 진열된 채소들, 삐뚤빼뚤 손 글씨로

쓴 푯말, 넓고 감각적인 공간에서는 이국적인 감성이 물씬 풍긴다. 실제로 홈마켓은 사진이 잘 나온다거나, 유럽의 파머스 마켓 느낌이 난다는 등의 후기가 많다. 지구를 위해 소비하지만, 소비 그 자체로도 재미있고 멋있기에 동참한다는 뜻이다.

또한 친환경은 쉬워야 한다. 앞서 트래쉬버스터즈의 곽재원 대표는 환경 문제를 거대 담론으로 보지 않았다고 한다. 그저 내가 속해있는 시장에서 무엇을 어떻게 해결할 수 있을지부터 고민했다는 것이다. 앞에서 설명했던 마마플레이트의 사례 역시 어렵고 수고스러운 친환경이 아니다. 마마플레이트는 집에서 잠자고 있는 에코백이 한 곳에 모일 수 있도록 플랫폼을 제공했을 뿐이다. 이 간단한 아이디어로 인해 소비자들은 에코백을 가져다주기만 해도 친환경 소비를 실천하는 기분을 느낄 수 있었다. 밤의 빵집도 마찬가지다. 남은 빵을 재가공하거나 다회용기를 제작하는 등의 기술적 노력은 없었지만, 밤에만 문을 연다는 기획력으로 푸드 리사이클링을 실천하는 브랜드가 됐다. 이처럼 무해한 한 끼를 만들겠다는 진정성만 가진다면, 누구라도 친환경이라는 주제에 다가가기 쉬운 아이디어를 발견할 수 있을 것이다.

친환경의 실천은 가게의 메뉴나 규모를 떠나 모두에게 중요한 트렌드가 될 것으로 보인다. 앞으로는 식당과 외식 브랜드를 평가하는 기준이 식사이클링 트렌드에 기반해 달라질 것이기 때문이다. 불필

MZ세대에게 친환경이란 일종의 힙한 놀이와 같다. 그런 점에서 마치 유럽의 파머스 마켓에 온 것 같은 흠마켓만의 독특한 분위기는 또 다른 셀링 포인트가 된다.

요하게 버려지는 재료는 없는지, 음식물 쓰레기를 줄이기 위해 어떤 노력을 하는지, 포장은 친환경적인지 등 지구에 무해한 식문화를 만들기 위해 노력하는 작은 시도들이 고객의 '선택'을 받는 데 있어서 중요한 기준이 된다는 뜻이다.

기후 위기와 사회 문제들로 시장이 무너지면 그 누구도 비즈니스를 지속할 수 없다. 쓰레기를 줄이기 위한 노력을 즐겁고 보람 있는 활동으로 만드는 일, 그리고 여기에 많은 사람들이 자발적으로 참여하도록 이끄는 일이야말로 우리 모두가 함께 고민해야 할 과제다.

7

친절의
재발견

잠시만요, 지나갈게요!

배달의민족에서 선보인 '딜리타워'는 건물 여러 층을 넘나들며 최대 14잔의 음료를 스스로 배달하는 실내 자율 주행 로봇이다. 알아서 장애물을 피하고 혼자 엘리베이터를 타는 것도 신기하지만, 무엇보다 인상적인 점은 로봇의 표정과 말투다. 딜리타워는 몸통에 달린 디스플레이로 마치 사람처럼 웃는 표정을 짓는다. 엘리베이터 문이 열리면 "저도 탈게요. 가운데 자리를 비워주시면 감사하겠습니다"라며 제법 씩씩하게 양해도 구할 줄 안다. 문득 궁금해진다. 카페 사장님이 이 자율 주행 로봇을 이용해 커피를 배달한다면, 소비자 입장에서 그것은 친절일까 무성의일까?

코로나19를 거치며 외식업계의 많은 부분이 변했다. 오프라인 일색이던 외식 시장에서 온라인 주문과 배달이 차지하는 비중이 확연히 증가했다. 이전까지는 서로 얼굴을 보고 음식을 주문하는 일이 당연했다면, 이제는 직원 대신 키오스크나 태블릿이 주문을 받고 서빙 로봇이 음식을 가져다준다. 코로나19가 앞당긴 세상에서는 어느덧 기술이 사람의 일을 대신하는 중이다. 사장님 입장에서 볼 때, 기술을 활용해 비대면 서비스를 중심으로 운영하는 가게는 그간의 방식보다 편리한 데다 인건비까지 절감된다는 장점이 있다. 그러나 동시에 걱정스러운 마음도 든다. 무엇보다 고객과의 접점이 줄어들어 가게를 찾아주는 손님에게 좀처럼 친절을 전하기 어렵다는 것이 아쉽다.

국어사전에서는 '친절하다'라는 단어를 "대하는 태도가 매우 정겹고 고분고분하다"는 뜻으로 정의하고 있다. 즉, 상대방에게 상냥하게 대하여 기분을 좋게 만드는 태도가 곧 친절인 셈이다. '태도'라는 표현이 포함돼 있기 때문일까? 우리는 그동안 너무도 당연하게 어느 '사람'이 다른 '사람'에게 행하는 일만을 '친절'이라고 생각해왔다. 그런데 이제 그러한 친절의 의미가 바뀌고 있다. 기술과 무인의 시대를 맞이하여 단어의 개념 역시 진화하는 중이다.

《대한민국 외식업 트렌드》에서는 지금의 '언택트Untact' 시대에 적합한 새로운 친절의 개념을 일컬어 **'친절의 재발견'**이라 명명한다. 사람의 손길과 미소가 녹아든 친절, 겉으로 표현되는 친절만이 친절의 전부인 것은 아니다. 오히려 소비자가 요청하기 전에, 혹시라도 발생할 수 있는 작은 불편을 미리 발견하고 대응하는 사장님의 관찰력이야말로 이 시대가 요구하는 친절로 부상한다. '요즘 친절'을 설명하기 위해서는 먼저 가게 현장에서 발생하는 오프라인 친절과 배달 앱 등을 사용해 고객과 소통하는 온라인 친절을 구분할 필요가 있다. 오프라인에서는 소비자의 사소한 불편을 헤아리는 '틈새 친절'이 중요하게 여겨지며, 온라인에서는 비대면의 한계를 극복하는 '원격 친절'을 고민해야 한다. 그동안 습관적으로 적용해온 친절에서 벗어나 이 시대에 적합한 새로운 친절의 태도를 발견해보자.

건물 내부를 돌아다니며 음료를 배달하는 실내 자율 주행 로봇 '딜리타워'.

✈ 틈새 친절: 미소 짓는 일을 넘어서는 배려

직원은 부족하고, 키오스크와 서빙 로봇이 손님을 맞이하는 상황에서는 어떤 방법으로 친절을 전할 수 있을까? 손님과의 접점이 부족한 가게라도 사장님의 '휴먼 터치'를 매장 곳곳에 심어둔다면 소비자는 충분히 친절하다는 느낌을 받을 수 있다. 중요한 것은 '디테일한 배려'다. 가게를 방문한 손님이 조금 더 편안하고 즐겁게 식사할 수 있도록 배려하는 사장님의 진심을 전달해야 한다. 이는 환한 미소로 허리 숙여 인사하는 것이 전부라고 믿었던 과거의 개념을 넘어서는 일이다. 그동안 고려하지 않았던 틈새 영역에 사장님의 인간적인 터치가 작용해 손님의 감동을 얻은 사례를 하나씩 살펴보자.

휴먼 터치 Human Touch

사람 간의 접촉을 줄어들게 만든 '언택트' 기술이 단절이나 대체의 수단이 아니라 인간적 접촉을 보완하는 역할로 작동해야 한다는

의미를 담은 키워드. 《트렌드 코리아 2021》에서 기술 확산의 시대
인 지금에 오히려 '진심이 담긴 인간의 손길'이 중요해졌음을 역설
하며 제안한 키워드다.[1]

'줄 서기'는 식당을 방문하는 손님에게 매우 번거롭게 느껴지는 과
정이다. 음식이 아무리 맛있어도 기약 없는 기다림은 손님을 지치게
만들고, 이는 곧 부정적인 감상으로 이어질 위험이 크다. 각종 SNS에
'#웨이팅지옥', '#극악웨이팅'과 같은 해시태그가 자주 등장하는 것은
웨이팅이 그만큼 힘들다는 사실을 보여준다. 줄 서기를 지원하는 모
바일 앱을 활용하면 모든 문제가 해결될 것 같지만, 무턱대고 사용했
다가는 오히려 혼란을 초래할 수도 있다. 누군가에게는 모바일 앱이
더 어렵고 불편하기 때문이다. 현장에는 다소 늦게 도착했지만 알고
보니 앱을 통해 미리 원격 줄 서기를 한 손님이 오프라인으로 대기 중
이던 손님보다 먼저 입장하는 경우에는 서로 감정이 상해 얼굴을 붉
히기 일쑤다. 무작정 식당 앞에서 현장 대기를 하다가 원격 대기자들
에 밀려 발걸음을 돌릴 때의 허무함은 두 번 다시 그 가게를 찾지 않
게 만드는 부정적 요인이 된다.

이때 줄 서기의 혼란을 방지하는 사장님의 센스는 곧 우리 가게만
의 '친절함'으로 작용할 수 있다. 예컨대 '테이블링' 등의 예약 플랫폼
을 활용 중인 식당이라면, 해당 플랫폼의 사용 방법이 담긴 정성스러

운 안내문을 가게 앞에 게시하는 식이다. 가게를 소개하는 인스타그램이나 네이버플레이스의 공지란에도 대기 방법과 운영 시간을 미리 안내해두는 '사전적 소통'이 중요하다. 가게를 찾는 손님 중 중장년층의 비율이 높다면, 디지털 예약 환경에 적응하도록 돕는 것만으로도 친절 점수를 높일 수 있다.

대기 예약 방법을 상세하게 안내해주는 가게들이 늘고 있다. 미리 정확하게 안내한 뒤, 해당 원칙에 따라 음식이나 서비스를 제공할 때 고객들은 친절함을 느낀다.

줄을 선 손님들의 지루한 대기 시간에 특별한 활동을 제공함으로써 우리 가게만의 친절을 어필할 수도 있다. 경상북도 칠곡에 위치한 수제 버거집 'ㅁㅁㅎㅅ(므므흐스로 읽음)'는 연간 8만 명이 방문하는 핫플레이스다. 주말에는 1시간 이상 기다려야 겨우 입장할 수 있다. ㅁㅁㅎㅅ는 이처럼 오랫동안 줄을 서는 손님들을 위해 가게 근처 한옥마을을 산책하는 코스를 안내했다. 한옥마을을 방문한 뒤 '인증 스탬프'를 받아오면 무료 음료를 주는 이벤트도 열었다. 덕분에 손님들은 웨이팅 시간을 색다른 경험으로 채울 수 있었고, 조용한 시골 마을에도 활기가 생겼다.[2] 서울 강동구의 한 등갈비 가게는 매장 안에 게임기를 설치했다. 손님들의 대기 시간을 즐거운 순간으로 바꾸기 위해서다. 최근에는 그간 지루하게만 느꼈던 대기 시간을 특별한 경험으로 채우는 현상을 일컫는 '0차 문화'라는 표현까지 생겼다.[3] 1차로 방문하려던 식당은 오래 기다려야 하니 입장 대기를 걸어놓은 후, 기다리는 동안 다른 활동을 '0차'의 개념으로 즐긴다는 뜻이다. 손님의 대기 시간까지 배려하는 일이야말로 요즘 소비자를 사로잡는 틈새 친절의 영역이다.

때로는 소비자가 매장에서 겪는 작은 경험을 '친절함'으로 승화시킬 수도 있다. 어린이 손님에게 색칠 놀이를 위한 색연필과 그림판을 증정했던 패밀리 레스토랑의 서비스가 대표적이다. 요즘에는 성인 손님을 대상으로도 음식을 먹는 것 이외의 긍정적인 경험을 제공하는 매장이 등장하고 있다. 레트로 콘셉트로 유명한 '카페 프릳츠'는 매달 매장 안에서 자주 틀었던 'BGM 플레이리스트'를 손님들과 공유한다. 공식 인스타그램에는 플레이리스트를 소개하는 게시물을 올리고, 오프라인 매장에는 손님들이 자유롭게 가져가도록 종이 출력물을 배치하는 식이다. 5월 1일 노동절에는 카페 직원들이 선정한 '노동요(전통적으로 일을 즐겁게 하고 공동체 의식을 높이기 위해 부르는 노래를 의미했으나, 오늘날에는 젊은 층 사이에서 바쁘게 일해야 할 때 듣기 좋은 음악을 뜻한다)' 리스트를 공개하며 손님들과 재치 있게 호흡을 이어가기도 했다. 매장을 방문하는 손님들은 메뉴를 주문한 후 음식이 나올 때까지 자연스레 이 플레이리스트와 관련된 경험을 즐

MONTHLY MUSIC
프릳츠 뮤직

11 MONTHLY MUSIC

FRITZ.CO.KR
☐ STEREO
☐ MONO

SIDE A

프릳츠컴퍼니   DIRECT
                   TRADE →

Nils Frahm	First Defeat	Hugar	Enigma (ft. Josh Dolly & Tinesop 1903)
Jónsi	Cannibal	AI 1980	In The Air
Hammock	Life Is Life	Ásgeir	Pictures
Novo Amor	If We're Being Honest	Daughter	Poke (from Tiny Changes)
Ólafur Arnalds	We Contain Multitudes	Electric Youth	Critical Thinking
	(from Home)		(Two Worlds Suite)

매달 매장의 플레이리스트를 SNS에 공개하는 카페 프릳츠. 매장에서 종이로도 배포한다.

길 수 있다. 플레이리스트가 인쇄된 종이를 찍어 SNS에 올리기도 하고, 매장에 흐르는 음악을 검색해 자신의 플레이리스트에 저장하기도 한다. 손님들이 매장 안에서의 경험을 작은 추억으로 간직할 수 있도록 배려한 사례다.

사장님이 나에게만 특별 대우를 해주는 경우는 어떨까? '남들과는 다른, 특별한 대접을 받았다'라는 느낌은 가게가 친절하다는 인상으로 직결된다. 사소한 비밀을 나눈 친구 사이에 우정이 한층 돈독해지는 것과 비슷하다. 가령, 메뉴판에 없는 음식을 주문하는 손님에게 비밀스러운 요리를 제공하는 것도 특별 대우에 해당한다. 마니아층이 많은 커피 브랜드 '스타벅스'에서 숨겨진 음료를 주문하는 방법이 SNS에서 꾸준히 공유되는 것도 비슷한 맥락이다. 예를 들어 '스타벅스 더블 샷'은 예전에는 어느 매장의 메뉴판에도 적혀 있지 않은 시크릿 메뉴였다. 에스프레소 2샷과 우유, 휘핑크림, 시럽을 섞어 흔든 뒤다시 얼음을 빼낸 상태로 제공해 시원하게 즐길 수 있는 음료인데, 흥미로운 점은 정식 메뉴도 아닌 이 음료가 2004년 출시 이후 누적 판매 2천만 잔을 돌파했다는 사실이다. 원래는 일시적으로 판매하는 프로모션 음료였지만, 커다란 인기에 힘입어 지금은 상시 판매하는 메뉴로 승격됐다. 마찬가지로 프랜차이즈 커피 브랜드인 '이디야'에서도 몇 년 전 복숭아 아이스티에 샷을 추가한 커스텀 메뉴 '아샷추'를 제공해 화제가 됐다. 정식 메뉴가 아님에도 특이한 '단쓴단쓴(단맛과 쓴맛이 번갈아 나타나는)' 맛으로 입소문을 타더니, 최근에는 다른 커피 브랜드나 동네 카페에서도 쉽게 볼 수 있는 보편적인 메뉴로 자리 잡았다.[4] 이처럼 '너와 나만 아는 시크릿 메뉴'는 그 존재 자체로 특별한 친절로 기능하곤 한다.

　숨은 메뉴를 만들기 부담스럽다면, 손님들이 기존 레시피에서 재료를 자유롭게 추가하고 변경할 수 있도록 기회를 주는 건 어떨까? 미국을 대표하는 햄버거 브랜드인 '인앤아웃버거In-N-Out Burger'의 메뉴판에는 햄버거가 단 세 종류뿐이지만, 소비자가 특정한 재료를 마음껏 추가하거나 뺄 수 있다. 일례로 한 손님은 햄버거 빵 대신 양 상추를 사용해달라는 독특한 주문을 시도했다. 인앤아웃버거는 해당 주문을 그대로 반영한 제품을 제공했고, 이후 이 메뉴에는 다이어터를 위한 '프로틴 스타일 버거Protein style burger'라는 이름이 붙어 유명해졌다. 프로틴 스타일 버거는 서울에서 열린 인앤아웃버거의 팝업 스토어에서도 큰 호응을 얻으며 국내의 수요를 증명한 바 있다. 이처럼 약간의 번거로움을 감수하고 손님에게 너른 선택지를 주는 '틈새 레시피'는 요즘 소비자를 향한 친절 표현의 수단이 된다.

출처: 저자 제공(왼쪽), 비아 톨레도 네이버플레이스(오른쪽)

단골손님을 위한 수저를 별도로 제작한 파스타 바 비아 톨레도.

매장을 찾아주는 손님에게 '당신만을 위한 정성'을 표현하는 전략
도 있다. 서울 용산구에 위치한 파스타 바 '비아 톨레도'는 사장님이
기억하는 단골손님의 이름을 수저에 새겨넣는다. 해당 손님만을 위
한 맞춤 식기를 만들어 정성껏 대접하는 것이다. 이는 '당신을 소중히
여긴다'라는 사장님의 메시지를 깜짝 친절로 전달하는 방법이다.

✖ 원격 친절: 언택트의 한계를 깨는 소통

배달 시장이 성장하면서 식당 사장님과 소비자가 직접 소통할 기회는 갈수록 줄어들고 있다. 대면 서비스 현장에서 멀어진 만큼 친절의 중요성도 줄어들었을까? 전혀 그렇지 않다. 배달의민족 앱에 기록된 리뷰를 분석해보면, 2021년의 리뷰에 '친절'이 언급된 비율은 3년 전인 2019년에 비해 약 2.3배나 상승했다. 온라인 시장이 확대될수록 소비자들은 친절에 더 목말라하고, 사장님의 작은 친절에도 크게 감동한다. 그렇다면 비대면 중심으로 사업을 전개하는 가게는 어떤 방법으로 친절을 전할 수 있을까? 멀리 떨어진 곳에서도 사장님의 마음을 온전히 전달하는 '원격 친절'의 사례를 살펴보자.

비대면 상황에서 소비자에게 친절함을 표현하는 가장 쉬운 방법은 사장님과 손님 사이의 '소통'을 확대하는 것이다. 대개는 리뷰란을 이용한다. 배달의민족에서 2022년 5~7월 주문 데이터를 분석한 결과에 따르면 '모든 리뷰에 사장님 댓글이 달리는 가게'의 경우, 매장 오폰 1개월 차에 비해 4개월 차의 재주문율이 약 6.5배 상승한 것으로 나타났다. 소비자들이 사장님의 정성에 반응한 것이다. 또 같은 문구를 반복 사용해 '복사 및 붙여넣기'로 작성한 댓글보다, 사장님이 소비자 한 명 한 명에게 맞춤형으로 전달한 댓글의 효과가 좋았다. 한편, 댓글만큼이나 효과적인 친절은 바로 배달 음식에 '사장님의 자필 메모'가 함께 동봉되는 경우다. 2022년 10월, 서울대 소비트렌드분석센터와 배달의민족이 함께 실시한 고객 설문 조사에서 전체 응답자 중 약 64.3%가 '사장님이 자필로 적은 감사 메모를 받으면 다시 주문

| 모든 리뷰에 사장님이 답글을 달았을 때 재주문율 변화

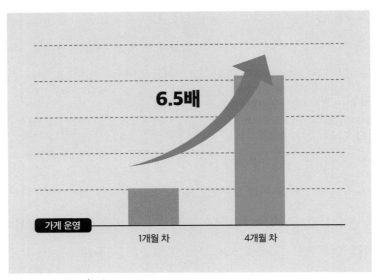

6.5배

가게 운영

1개월 차   4개월 차

출처: 배민외식업광장ceo.baemin.com

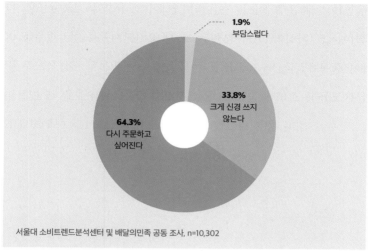

1.9%
부담스럽다

33.8%
크게 신경 쓰지
않는다

64.3%
다시 주문하고
싶어진다

서울대 소비트렌드분석센터 및 배달의민족 공동 조사, n=10,302

출처: 배민외식업광장ceo.baemin.com

하고 싶어진다'고 답했다.

　자필 편지처럼 '감동적인 메시지'를 전달하는 것도 효과적이지만, 최근에는 한층 유머러스한 접근법으로 친절을 표현하는 식당도 늘고 있다. 예컨대 배달의민족 플랫폼을 이용하는 어느 식당 사장님은 메뉴 선택 옵션에 '0원 옵션'을 추가해뒀다. 보통 '옵션'은 소비자가 음식을 주문할 때 음료수나 사이드 메뉴를 유료로 더할 수 있도록 설정된 기능인데, 0원 옵션은 소비자가 선택해도 별도의 금액을 지불할 필요가 없는 옵션이다. 그런데 사장님이 적어둔 0원 옵션의 내용이 인상적이다. 디저트나 공깃밥 등의 선택지 대신 '먹어도 먹어도 살찌지 않는 기운', '복권에 당첨되는 기운'과 같은 항목이 옵션으로 추가된 것이다. 음식과 함께 기분 좋은 덕담까지 주문할 수 있도록 배려하는 사장님의 훈훈한 친절이다.

사장님과 손님이 온라인으로 '티키타카'를 나누는 모습 역시 친절의 일부가 될 수 있다. 넷플릭스 오리지널 드라마 〈더 글로리〉의 흥행이후, 온라인에서는 한 식당이 입소문을 탔다. '연진이네 분식집'이라는 떡볶이 전문점이다. 상호에 사용된 이름이 드라마 속 악역의 이름과 동일했던 까닭에, 손님들은 리뷰를 남길 때 드라마의 명대사를 차용하기 시작했다. 예컨대 "연진아! 드디어 먹었네~ 네가 만든 떡볶이.

어떤 기운을 담아 만들어 드릴까요

- 해당사항 없음   +0원
- 복권에 당첨되는 기운   +0원
- 좋아하는 사람과 잘되는 기운   +0원
- 먹어도먹어도 살찌지 않는 기운 +0원
- 원하는 곳에 합격하는 기운   +0원
- 우리가족 모두 무병장수하는 기운 +0원

출처: 배민외식업광장ceo.baemin.com

'0원 옵션' 기능을 이용해 주문 과정에 재미를 더했다.

년 알까?" 하는 식이다. 식당 사장님도 손님들의 리뷰에 재치 넘치게 반응했다. "난 잘못한 게 없어, ○○아. 난 열심히 만들었을 뿐이야"라고 응수하며, 마치 본인이 드라마 속의 연진이가 된 듯한 말투로 답변을 남긴 것이다. 사장님과 손님 간의 호흡이 돋보이는 티키타카는 곧 여러 커뮤니티로 퍼지며 다른 소비자들에게도 재미를 선사했다.

티키타카 tiqui-taca

스페인어로 탁구공이 오가는 모습을 묘사한 단어. 빠른 패스를 주고받는 축구 경기의 전술을 뜻하기도 하는데, 최근에는 말이 잘 통하는 사람들끼리 나누는 대화를 가리키는 용어로 쓰인다.

사장님이 손님을 기억해줄 때 느끼는 감동은 오프라인에서만 통하는 것이 아니다. '단골'의 개념은 온라인에도 존재한다. 2022년 6월에 진행된 '배민리뷰챔피언십'에서는 사장님의 배려에 감동한 손님들의 리뷰가 여럿 공개됐다. 그중에서도 단연 눈길을 끈 것은 정든 동네를 떠나 다른 지역으로 이사 가는 단골손님에게 손 글씨 메모를 보낸 사장님의 사연이었다. 온라인으로 자주 주문해온 고객을 기억한 사장님이 사이드 메뉴를 무료 서비스로 제공하며 '어디 가시든 파이팅하라'는 메모를 적은 포스트잇을 붙인 것이다. 실제로 앞서 서울대 소비트렌드분석센터와 배달의민족이 실시한 설문 조사에서 역시 응답자의 약 83.7%가 '사장님이 나를 단골로 기억하면 또 방문하고 싶어진다'고 답했다.

온라인 소통으로 친절함을 전하는 원격 친절 전략이 다소 미미한 수준의 접근이 아닌지를 의문하는 이들에게 '작은 정성'의 위력이 담긴 심리학 실험을 하나 소개하려 한다. 연구를 실시한 대학에서는 설문 조사를 위해 응답자들을 3개의 집단으로 나눴다. 첫 번째 응답자 집단에는 양해를 구하며 설문을 부탁하는 내용이 적힌 포스트잇을 붙였고, 두 번째 집단에는 포스트잇 없이 설문지 첫 페이지에 양해를 구하는 메시지를 적었다. 마지막 집단에는 아무런 양해도 구하지 않고 설문만을 요청했다. 그 결과 포스트잇을 붙인 집단은 76%, 설문지

2022 배민리뷰챔피언십에 선정된 리뷰.

첫 페이지에 양해 메시지를 적은 집단은 48%, 양해 없이 설문지만을 제공한 집단은 36%만이 끝까지 설문지를 채웠다.[5] 이 연구 결과가 시사하는 바는 명확하다. 한 줄의 포스트잇 메모에 불과할지라도, 사람들은 타인이 보이는 작은 성의에 충분히 반응할 줄 안다는 것이다.

✼ 당신만의 친절을 새롭게 정의하라

그렇다면 우리는 왜 '친절'을 새롭게 정의해야 할까? 이유는 너무나 당연하다. 이제는 소비자에게 과거와 같은 방식으로 인적 서비스에 기반한 친절을 제공하기 어려운 환경이 됐기 때문이다. 인구는 줄고 경기는 후퇴하는데, 임대료와 원자재비는 계속 오른다. 무엇보다 인건비 상승이 큰 부담으로 작용한다. 그 결과 예전 같은 방식의 '친절 경영'이 불가능해졌다.

최근 통계만 살펴봐도 '나 홀로 매장을 운영하는 사장님'이 크게 늘었다. 통계청 국가통계포털에 따르면 2022년 7월, 고용원이 없는 자영업자 수는 1년 전보다 4만 9천 명 늘어난 433만 9천 명에 달하는 것으로 나타났다. 이는 2008년(456만 7천 명) 이후 가장 많은 수치다.[6] 많은 가게에서 인건비 부담을 줄이기 위해 고용을 포기하거나 줄이는 것이다. 심지어는 직원이 하나도 없는 '무인 매장'도 눈에 띄게 늘었다. 예전에는 코인 노래방이나 셀프 빨래방 등 일부 업종에 국한돼 있던 무인 매장이 지금은 카페에서부터 사진관, 밀키트 매장, 세차장, 과일 가게까지 다양한 업종으로 확산되고 있다.

이렇게 줄어든 인적 서비스의 빈자리는 기술이 대체한다. 식당 사장님은 앞다퉈 키오스크나 셀프 주문 태블릿과 같은 무인 안내 기기를 매장에 설치하며 사람이 하던 일을 기계로 대체하고 있다. 2023년 4월, 배민외식업광장에서 실시한 설문 조사에 따르면, "내 가게에 지금 당장 필요한 디지털 아이템은?"이라는 질문에 가장 많은 수의 사장님이 '키오스크'라고 답했다(1위, 48.9%). 이러한 결과만 보더라도 향후 외식업에서의 비대면화 추세는 지속될 것으로 예상할 수 있다.

《대한민국 외식업 트렌드》에서 제안하는 '친절의 재발견' 트렌드는 친절함을 최우선 목표로 삼기 위해 기술 활용을 멈춰야 한다는 메시지가 아니다. 그보다는 천편일률적인 친절의 정의를 다시 점검하라는 요청에 가깝다. 고객에게 음식 및 서비스를 제공함에 있어, 사람과 기술이 담당하는 역할에 따라 소비자가 느끼는 친절의 수준도 달라지기 마련이다. 예민하게 체감되는 친절의 수준을 어떻게 더 끌어올릴 수 있을지를 철저히 파악해야 한다.

서울대 소비트렌드분석센터와 배달의민족이 함께 실시한 설문 조사에서 소비자들은 주문 및 결제 단계에서는 오히려 키오스크와 같은 기술의 도입에 대해 긍정적인 태도를 보였다. 그러나 이러한 비대면 서비스가 언제나 능사인 것은 아니다. 가게를 운영함에 있어서 무인화시키면 곤란한 영역도 있다. 바로 고객의 불만이나 클레임에 대한 대응이다. 고객이 무언가 불만을 제기하는 상황에서 우리는 흔히 "여기, 사장이 누구야? 사장 나오라고 해!"라고 외치는 모습을 상상할 수 있다. 이는 직원을 무시해서라기보다는 '나의 항의로 문제가 해결되고 개선될 수 있으면 좋겠다'는 고객의 효능감이 거칠고 날카롭게 표출됐다고 보는 게 맞을 것이다. 이러한 상황에서 고객 불만을 기계나 자동화된 매뉴얼로 해결하려는 시도는 그 분노를 더 키우는 계기가 될 수 있다. 사람이 직접 대응해야 만족도가 높아지는 영역에서는 여전히 사람이 제 역할을 다해야 한다.

> "서빙을 로봇에게 맡기면 저는 손님에게 한마디라도 더 친절하게 말할 수 있어요. 서비스의 질은 오히려 높아지는 거죠."[7]

서울 송파구에 위치한 이탈리안 퓨전 레스토랑 '디프'의 대표가 들려준 말이다. 이는 기계와 인간의 관계가 어떠해야 하는지를 분명하게 보여준다. 각종 기계가 인간을 대체하는 것이 아니라, 인간을 도와 서비스의 질을 높이고 친절함을 강화하는 역할을 해야 한다는 것이다. 그것이 바로 비대면이 일상화되고 디지털 전환이 가속화되는 시대의 휴먼 터치다. 스크린 화면으로 주문을 받고 인공지능이 의사 결정을 하는 시대, 이제는 인간이 담당해야 할 친절의 범위를 새롭게 정

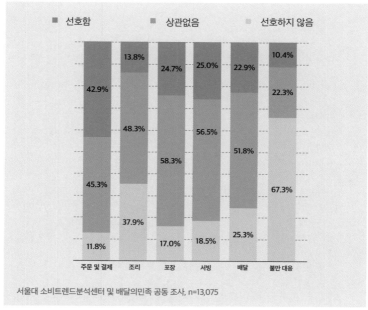

서울대 소비트렌드분석센터 및 배달의민족 공동 조사, n=13,075

출처: 배민외식업광장ceo.baemin.com

의해야 할 때다. 우리 가게를 방문한 손님이 조금 더 편안하고 즐겁게 식사할 수 있도록 소비자 입장에서 고민하고 배려하는 일, 이것이야 말로 요즘 친절이 갖추어야 할 핵심 요소가 아닐까.

공저자 소개

전미영

서울대학교 소비트렌드분석센터 연구위원. 서울대 소비자학 학사·석사·박사. 소비자 행복과 심리 분야에 관심이 많고, 서울대에서 소비자조사법과 신상품개발론 과목을 강의하고 있다. 삼성경제연구소 리서치 애널리스트와 서울대 소비자학과 연구교수를 역임했으며 현재《동아일보》칼럼니스트, 롯데쇼핑 ESG위원회 위원장, LG유플러스 MZ세대 자문단 자문위원, 국토교통부 정책홍보 자문위원, 교보문고 북멘토 등으로 활동하고 있다. 한국소비자학회 최우수논문상을 수상했으며, 〈트렌드 코리아〉 시리즈,《트렌드 차이나》,《나를 돌파하는 힘》을 공저했다. 다수 기업과 트렌드 기반 신제품 개발 및 미래 전략 발굴 업무를 수행하고 있다.

최지혜

서울대학교 소비트렌드분석센터 연구위원. 서울대 소비자학 석사·박사. 소비자의 신제품 수용, 세대별 라이프스타일 분석, 제품과 사용자 간의 관계 및 처분행동 등의 주제를 연구하며, 서울대에서 소비자심리, 트렌드분석 과목을 강의하고 있다. 워싱턴주립대학교Washington State University에서 공동연구자 자격으로 연수했으며, 〈트렌드 코리아〉 시리즈, 《더현대 서울 인사이트》를 공저했다. 삼성·LG·아모레·SK·코웨이·CJ 등 다수의 기업과 소비자 트렌드 발굴 및 신제품 개발 프로젝트를 수행했으며, 현재 《동아비즈니스리뷰DBR》 객원 편집위원과 인천시 상징물 위원회 자문위원을 맡고 있다.

이수진

서울대학교 소비트렌드분석센터 연구위원. 서울대 소비자학 학사·석사·박사. 사회변화에 따른 소비지출의 변화 및 소비심리를 주로 연구하며, 서울대에서 소비자심리, 소비문화 과목을 강의하고 있다. 한국FP학회 최우수논문상을 수상했으며, 〈트렌드 코리아〉 시리즈, 《더현대 서울 인사이트》를 공저했다. 한국벤처혁신학회 연구이사, KBS 2TV 〈해 볼만한 아침 M&W〉-'이수진의 소비트렌드'의 고정 출연진으로 활동하고 있으며, 매일경제TV 시황 캐스터로 활동한 바 있다. 현대·삼성 등 다수의 기업과 소비트렌드 기반 미래 · 전략 발굴 업무를 수행하고 있다.

권정윤

서울대학교 소비트렌드분석센터 연구위원. 서울대 소비자학 학사·석사·박사. 세대별 소비 특성, 가족 내 소비의 전이, 물질소비와 경험소비 등의 주제를 연구하며, 현대 사회와 변화하는 소비문화에 대해 관심이 많다. 가전·여가·식품 등 여러 산업군의 기업들과 소비자 조사를 수행해왔으며 전성기 매거진·CJ온스타일·삼성생명 등과 세대별·산업별 트렌드 도출 프로젝트를 진행했다. 현재 〈트렌드 코리아〉 시리즈를 공저하며, 소비자를 연구하는 방법론으로서 질적 연구의 전문성을 넓히고 있다.

한다혜

서울대학교 소비트렌드분석센터 연구위원. 서울대 심리학 학사, 소비자학 석사·박사. 다양한 심리 이론을 기반으로 한 소비심리 분석 및 데이터를 통한 소비행동 등의 주제를 연구하며, '서울대학교 학문후속세대'로 선정된 바 있다. 현재 〈트렌드 코리아〉 시리즈를 공저하며, KBS 1Radio 〈성공예감〉-'트렌드팔로우' 출연 및 삼성·LG 등 다수의 기업과 소비트렌드 기반 미래 전략 연구를 수행하고 있다.

이혜원

서울대학교 소비트렌드분석센터 책임연구원. 서울대 소비자학 학사 · 석사, 박사과정 수료. 대한출판문화협회 · 다산북스 · 리더스북 · 카카오페이지 등에 재직하며 얻은 인사이트를 바탕으로, 연령 · 시기 · 코호트에 따른 소비자들의 서로 다른 행동과 태도 등 세대론에 입각한 트렌드 예측과 기술 변화로 인한 소비자 행태 변화에 관심을 두고 있다. 2020 kobaco 혁신 공모전에서 장려상을 수상했으며, LG전자 · CJ오쇼핑 · SK · 삼성전자 · 한국공항공사 등의 소비자 트렌드 프로젝트에 참여했고, 배달의민족과 함께 연구한 '2023 외식업 7대 트렌드' 프로젝트의 PM을 담당했다. 현재 〈트렌드 코리아〉 시리즈를 공저하며, 경제 자본만으로는 설명할 수 없는 소비트렌드의 동인을 살펴보기 위해 확장된 문화 자본에 대한 연구를 진행하고 있다.

추예린

서울대학교 소비트렌드분석센터 책임연구원. 서울대학교 소비자학 석사 및 박사과정 재학. 삶에 대한 목표와 의지를 소비에 반영하는 개인들의 의식적인 소비 절제 행동에 관심이 많다. 주로 비정형 텍스트데이터와 심층 면담 분석을 통해 현상적 의미를 도출하는 질적 연구를 수행하고 있으며, 2021 한국생활과학회 동계연합학술대회

우수포스터논문상을 수상했다. 현재 〈트렌드 코리아〉 시리즈를 공저하며, 삼성전자·LG U+·SK·코웨이·배달의민족 등 다수의 기업과 소비트렌드 분석 프로젝트를 수행하고 있다. 서울대 소비트렌드분석센터와 '트렌드 코리아'의 SNS 계정을 총괄·기획하고 있다.

전다현

서울대학교 소비트렌드분석센터 책임연구원. 서울대학교 소비자학 석사 및 박사과정 재학. 패션 산업에 대한 전문성을 바탕으로 리테일 환경에서의 소비자 행동에 관심이 많다. 최근 디지털 리테일 환경에서의 자극과 소비자 정보처리를 주제로 연구를 수행했으며, 2019 한국의류학회KSCT 공모전에서 VMD 기획으로 1위를 수상했다. 〈트렌드 코리아〉 시리즈를 공저하며, 삼성·현대·SK 등 다수 기업과 소비자 트렌드 발굴 및 신제품 개발 업무를 수행하고 있다. 유튜브 채널 '트렌드코리아TV'를 총괄·기획하고 있다.

우영희

배달의민족 운영사인 우아한형제들 외식업콘텐츠실 실장. 배민외식업광장을 통해 사장님에게 필요한 정보를 사장님의 눈높이에 맞춰 기획·제공한다. 불철주야 장사를 고민하는 대한민국 식당 사장님을 존경하는 마음으로, 외식업콘텐츠실 동료들과 함께 사장님에게 도움이 되는 콘텐츠를 만들고자 노력한다. 2020년부터 '배민외식업컨퍼런스'를 기획해왔으며, 현재는 배민외식업광장 콘텐츠를 총괄하고 있다.

김지현, 김민지, 정은빈, 조윤영, 조윤식

배달의민족 운영사인 우아한형제들 사장님커뮤니케이션팀 소속. 이들이 속한 사장님커뮤니케이션팀은 식당 사장님들에게 콘텐츠로 힘이 될 수 있는 방법을 고민하고 실행하는 팀이다. 출근해서 퇴근하는 순간까지 콘텐츠의 소재를 발굴하고 전달 방법을 고민하는 이유는 오직 하나, 바로 외식업 사장님들의 장사에 힘이 되기 위한 것이다. 2021년부터 배달의민족 데이터를 기반으로 사장님에게 인사이트를 전하는 '배민트렌드'를 공개하고 있다. 팀의 목표는 사장님들의 성공과 성장이며, 그것이 배달의민족이 존재하는 이유라 믿고 있다.

서울대학교 생활과학연구소 소비트렌드분석센터CTC, Consumer Trend Center

서울대학교 생활과학연구소 소비트렌드분석센터는 2004년 설립된 이래, 한국의 대표 기업·지방자치단체·공공기관 등과 해당 산업 트렌드 조사 분석, 소비자 지향적 공간 콘셉트 개발, 트렌드 기반의 신제품 기획·마케팅·커뮤니케이션 등을 주제로 산학협동 연구를 진행하고 있다. 특히 한국식품산업협회·CJ제일제당·농심·배달의민족 등과 식품 및 외식산업 트렌드에 대해서도 꾸준하게 연구를 수행한 바 있다. 서울대 소비트렌드분석센터가 산학 연구를 수행하는 주제와 방법은 다양하지만, 특히 시장 트렌드에 부응하는 신제품을 개발하는 학습형 컨설팅Tutorial Consulting에 주력하고 있다. 학습형 컨설팅이란 연구의 결과만을 제공하는 것이 아니라, 기업의 해당 업무 실무 담당자들과의 공동 작업 및 튜터링 워크숍을 통해 트렌드를 추적·분석하는 방법론과 신제품 개발 역량을 교육하는 것으로 서울대 소비트렌드분석센터가 독자적으로 개발한 새로운 '학습형' 프로젝트 진행 방법론이다. 기업별 맞춤 트렌드 교육 및 정보 제공 프로그램도 다양하게 운영하고 있다

주

서문

1   김난도 외, 《더현대 서울 인사이트》, 다산북스, 2022.

1 금쪽같은 내 한 끼

1   끝나지 않은 이어령의 한국인 이야기 ④ 맛과 멋, K-푸드, "한식의 특성은 생성의
     美學, 융합의 味學" / 월간조선, 2022.02.02.

2   한국인 90%, 15분 내 허겁지겁 식사…비만·당뇨병 위험 / 한국일보, 2022.08.19.

3   주영하, 《한국인은 왜 이렇게 먹을까?》, 휴머니스트, 2018.

4   지금까지의 파스타는 잊어라, 생면 파스타 바 5곳 / ㅍㅍㅅㅅ(ppss.kr),
     2022.04.22.

5   경기 불황에도 '파인다이닝·오마카세' 인기 / 매경이코노미, 2023.03.09.

6   〈2022년 국민 식생활 실태 조사 통계보고서〉 / 한국농촌경제연구원, 2022.12.

7   먹거리물가 상승률 10% 이상 수두룩…라면 12.3%·빵 11.3% / 연합뉴스,

2023.05.08.

8 "스트레스 풀자" 불황 먹고 자라는 편의점…불티난 '매운맛' / 중앙일보,
2023.05.07.

9 〈2022년 서울시 먹거리 통계 조사 보고서〉 / 서울특별시, 2022.12.

10 장 앙텔므 브리야 사바랭, 《브리야 사바랭의 미식 예찬》, 르네상스, 2004.

2. 다이닝 게임

1 배민외식업광장(ceo.baemin.com/knowhow/9953).

2 "약과·오란다 좋아하세요?"…'할매니얼' 열풍에 전통과자 위상 '쑥' / 서울신문,
2023.02.14.

3 엘리자베스 여왕: '줄 서서 기다리기'는 영국 전통일까? / BBC News Korea,
2022.09.16.

4 '테이블링' 월간 순 이용자 수(MAU) 95만 명 돌파…작년대비 25배 성장 눈길 /
아시아경제, 2022.12.09.

5 쓱닷컴, 스마일클럽 회원에 '줄 서는 식당' 이용 기회 제공한다 / AP신문,
2022.11.15.

6 마라탕 위에 솜사탕 올리면 무슨 맛? / 주간동아, 2022.04.23.

7 농심 '카구리 큰사발면' 흥행…출시 한달 만 230만개 판매 / 전자신문,
2021.11.11.

8 줄을 세워라, 기다림이 상품 가치를 키운다 / DBR 96호, 2012.01.

9 미어터지는데 9시면 문닫는다…잘 나가는 그 식당의 3대 철칙 / 조선일보, 2022.06.22.

3. 정답식사

1 30만원대 고가 오마카세만? 3~5만원 가심비 오마카세도 수두룩 / 매일경제, 2023.04.14.

2 농심 '육개장사발면' 출시 40주년…누적 52억개 판매 / 이데일리, 2022.11.10.

3 [책꽂이] 나만 빼고 다들 잘나가는 것 같아 불안한가요 / 서울경제, 2022.01.06.

4. 식부심

1 김겨울 외, 《싫어하는 음식: 아니요, 그건 빼주세요》, 세미콜론, 2022.

2 [문장으로 읽는 책] 김겨울 외 《아니요, 그건 빼주세요》 / 중앙일보, 2022.04.25.

3 "짜장면 반그릇 주세요"…0.5인분 시대가 열렸다 / 조선일보, 2023.02.11.

4 한 우물만 깊게 파는 그로서리 마켓 5 / GQ Korea, 2022.10.05.

5 유럽 정통 레시피로 만든 사퀴테리의 세계 / 여성조선, 2022.05.14.

6 "인터넷에 가게 올리지마" 엄포…식당 '보물찾기 마케팅' 먹힌다 / 문화일보, 2022.05.12.

5. 이야기 식당

1 도심 속에서 즐기는 서울 캠핑장 5 / 에스콰이어, 2022.03.11.

2   '우(牛)강신청' 성공하셨나요? 한우 오마카세 맛집 / 머니S, 2022.07.12.

3   본 연구 자체 인터뷰

4   재팬타임즈 웹사이트(authentic-japan-selection.japantimes.com).

5   디저트로 구현한 판타지, 누데이크 / 마리끌레르, 2021.09.07.

6. 식사이클링

1   "1·2인 가구 타깃 적중" 매출 700% 성장한 못난이 농산물 구독 서비스, 그 비결
은 / 중앙일보, 2023.02.16

2   밀기울·비지·맥주박…버려지던 찌꺼기들 건강식품으로 변신 / 중앙일보,
2023.04.17.

3   [이 제품이 궁금하다] SGC솔루션 '글라스락 픽업용기' / 부산일보, 2021.08.09.

4   플라스틱 사용량 줄인 삼다수, 다회용컵 늘린 스타벅스…지구의날 맞이 성적표
는 / 한국일보, 2023.04.21.

5   트래쉬버스터즈: 오렌지색 다회용기로, 쓰레기 사냥하는 스타트업 / 롱블랙,
2023.04.20.

6   These Restaurants and Food Delivery Platforms Offer Reusable Takeout
Containers / Greenmatters, 2022.03.24.

7   Dodo Pizza UAE introduces reusable packaging to reduce delivery waste /
CATERER, 2023.03.22.

8   Edible Packaging in Japan / Bioplastics News, 2020.03.02.

9   유한한 지구의 자원···'버려지는 것들의 구출'/ 뉴스펭귄, 2023.04.02.

10 MZ세대, 지구를 위한 가치 실천 제로웨이스트에 빠지다 / NIESEN NEWSFLASH, 2021.09.09.

11 MZ세대 10명 중 9명, 환경 위해 습관 바꿨다 / 대학내일 20대 연구소, 2021.04.06.

7. 친절의 재발견

1   김난도 외,《트렌드 코리아 2021》, 미래의창, 2020.

2   [DBR]작은 시골마을 연간 8만명씩 찾게 만든 수제 햄버거 / 동아일보, 2022.12.07.

3   "웨이팅? 오히려 좋아" 우리가 기다림 즐기는 법 / 한국일보, 2023.04.21.

4   괴식 취급받아 몰래 먹었는데 이젠 '인싸 음료' 돼 당당히 주문할 수 있는 '아샷추' / 인사이트, 2022.08.08.

5   The Surprising Persuasiveness of a Sticky Note / Harvard Business Review, 2015.05.26.

6   임금發 인플레이션 일파만파···나홀로 장사 14년 만에 최다 / 중소기업뉴스, 2022.09.05.

7   배민외식업광장(ceo.baemin.com/knowhow/9958)

찾아보기